कर्मयोग

कर्मयोग

स्वामी विवेकानन्द

अनुवाद

डॉ. रामविलास शर्मा

वाणी प्रकाशन

प्रकाशन के उत्कृष्टतम 61 वर्ष

vaniprakashan.com

पेपरबैक पहला संस्करण : 1995
पेपरबैक दूसरा संस्करण : 2007
पेपरबैक तीसरा संस्करण : 2011
पेपरबैक चौथा संस्करण : 2012
पेपरबैक पाँचवाँ संस्करण : 2021
पेपरबैक छठा संस्करण : 2024

वाणी प्रकाशन

4695, 21-ए, दरियागंज, नयी दिल्ली-110 002

फ़ोन : +91 11 23273167, 23275710

शाखाएँ

अशोक राजपथ, पटना-800 004, बिहार
कॉफ़ी हाउस कैम्पस, महात्मा गांधी मार्ग, इलाहाबाद-211 001, उत्तर प्रदेश
महात्मा गांधी अन्तरराष्ट्रीय हिन्दी विश्वविद्यालय, वर्धा-442 001, महाराष्ट्र

sales@vaniprakashan.in
vaniprakashan@gmail.com

KARMYOG
by Swami Vivekanand
Translated by Dr. Ramvilas Sharma

ISBN : 978-81-7055-379-3
Philosophy

मूल्य : ₹ 200

आर. टेक ऑफ़सेट प्रिंटर्स, दिल्ली-110 032 में मुद्रित

वाणी प्रकाशन का लोगो मक़बूल फ़िदा हुसेन की कूची से

दूसरे संस्करण की भूमिका

भारतीय दर्शन की एक महत्वपूर्ण धारा है वेदान्त। वेदान्त के अनेक रूप हैं। इनमें दो से भारतीय जनता अधिक परिचित है, एक रूप वह है जिसकी व्याख्या शंकराचार्य ने की है, दूसरा वह जिसकी व्याख्या स्वामी विवेकानेद ने की है। दोनों में अंतर है।

ईशावास्य उपनिषद् में कहा गया है : **कुर्वन्नेवेह कर्माणि जिजीविषेच्छतं समाः** संसार में कर्म करते हुए ही मनुष्य सौ वर्ष तक जीने की इच्छा करे। इसे कर्मयोग का सिद्धान्त वाक्य माना जा सकता है। संसार कर्मभूमि है, उसमें रहते हुए मनुष्य को कर्म करना चाहिए, और कर्म करते हुए ही सौ वर्ष तक जीते रहने की इच्छा करनी चाहिए। उसे किस तरह का कर्म करना चाहिए ? शंकराचार्य अपने भाष्य में कहते हैं : इस लोक में **कर्माण्यग्निहोत्रादीनि** अग्निहोत्रादि कर्म करते हुए ही सौ वर्षों तक जीने की इच्छा करे। यहां कर्म शब्द का व्यापक अर्थ नहीं लिया गया, उसे कर्मकाण्ड का पर्याय बना दिया गया है।

इसके विपरीत **कर्मयोग** के चौथे अध्याय में स्वामी विवेकानंद कहते हैं : "उन्नति करने का एक ही मार्ग है, हाथ में जो काम है उसे कर अधिक से अधिक शक्तिशाली होते जाएं....मैं फिर कहता हूं, जो मनुष्य छोटा काम करता है वह इस कारण उस व्यक्ति से छोटा नहीं जो बड़ा काम करता है....वह चमार जो कम से कम समय में एक सुंदर मजबूत जूतों का जोड़ा बना सकता है, उस पंडितजी से कहीं भला आदमी है, जो दिन भर इधर-उधर अंट-संट हाँका करते हैं।" वेदान्त का यह रूप मनुष्यमात्र की समानता की घोषणा करता है, कर्मकाण्ड को निरस्त करता है और वर्ण व्यवस्था को निर्मूल करने में सहायक होता है। स्पष्ट ही आज की परिस्थितियों में हमारे लिए शंकराचार्य की अपेक्षा स्वामी विवेकननंद अधिक प्रासंगिक हैं।

सन् 36 के बाद **कर्मयोग** का अनुवाद पुनः प्रकाशित हो रहा है, इसकी मुझे प्रसन्नता है। मेरी समझ में हिंदी गद्य का स्वरूप कैसा होना चाहिए था, इसका

उदाहरण यह अनुवाद है। तब से मेरी गद्य शैली में काफी परिवर्तन हुआ है। उस समय के गद्य को निराला ने पसंद किया था, मेरा उत्साह बढ़ाने के लिए इतना ही काफी था।

नयी दिल्ली

28 अक्तूबर 93

—रामविलास शर्मा

भूमिका

प्रस्तुत पुस्तक स्वामी विवेकानंद के न्यूयार्क में दिये गये आठ व्याख्यानों का अनुवाद है। यद्यपि कोई योग औरों से न्यून नहीं, उनका समुचित अभ्यास करने से समान फल मिलता है, तथापि कर्मयोग के भीतर जो एक साहसिकता, एक शूरता है, वह शायद औरों में नहीं। अबाध गति से चलते संसार-चक्र में उसके कठोर घर्षण का भय न कर कूद पड़ना, उसके अनगनित यंत्रों की पीड़ा सह अंत में उसे वश में कर लेना, जीवन की यह कविता इन व्याख्यानों में सविशेष झलकती है। गीता की वाणी का अनुकरण करते स्वामी विवेकानंद फिर एक बार सबको संसार का वीरतापूर्वक सामना करने के लिए आहूत करते हैं। यहाँ उन्होंने अकंपित स्वर से मनुष्य मात्र की महत्ता की घोषणा की है। क्षुद्र से क्षुद्र स्थिति का व्यक्ति भी कर्मयोगी हो महत्तम के सम्मान का अधिकारी हो सकता है। अपने-अपने विकास का मार्ग सबके आगे खुला है। कर्मयोग की यही शिक्षा है कि मनुष्य उस पर चलकर अपनी पूर्णता का अनुभव कर सके।

—अनुवादक

क्रम

पहला अध्याय

कर्म का चरित्र पर प्रभाव

कर्म शब्द संस्कृत की "कृ करना" धातु से बना है। जो कुछ भी किया जाता है, कर्म है। कर्मों का फल भी इसका प्रयुक्त अर्थ होता है। दर्शन-शास्त्र में इसका अर्थ कभी-कभी उस परिणाम से होता है जिसके कि हमारे पूर्वकर्म कारण हैं। परंतु कर्म-योग में हमें उसी कर्म से वास्ता है जिसका अर्थ काम है। सत्य का ज्ञान मनुष्य-जाति का उचित ध्येय है, इसी आदर्श को प्राच्य दर्शन हमारे सामने रखते हैं। मनुष्य का ध्येय सुख नहीं ज्ञान है। सांसारिक सुख और आनन्द का अंत हो जाता है। मनुष्य की यह भूल है जो वह समझता है कि ध्येय सुख है; संसार की सभी विपत्तियों की जड़ यह अंध-विश्वास है कि सुख ही वह आदर्श है जिसे पाने के लिए प्रयत्नपर रहना चाहिए ! कालान्तर में मनुष्य जानता है कि वह सुख की ओर नहीं, ज्ञान की ओर बढ़ रहा है; सुख और दुख दोनों शिक्षक हैं और वह उनसे शिक्षा लेना सीखता है। सुख और दुख उसकी आत्मा के सामने से गुजरते हुए उस पर अपनी छाया छोड़ जाते हैं। इन भाव-चित्रों के सामूहिक परिणाम का ही नाम मनुष्य का 'चरित्र' है। किसी का भी चरित्र लीजिये, वह उसकी भावनाओं, उसकी मानसिक प्रवृत्तियों की समष्टि है। उस चरित्र के निर्माण में सुख और दुख का समान भाग है। सुख और दुख समान रूप से चरित्र निर्मित करते हैं और कही-कहीं दुख सुख से अधिक शिक्षा देता है। संसार के बड़े-बड़े चरित्रों का अध्ययन करने पर यह देखा जा सकता है कि दुख ने सुख से अधिक शिक्षा दी; धन से अधिक निर्धनता ने उन्हें महत्ता का पाठ पढ़ाया; प्रशंसा से नहीं, प्रहार सहकर उनकी अन्तर्ज्योति का स्फुरण हुआ।

यह ज्ञान भी मनुष्य में ही है; ज्ञान कभी बाहर से नहीं आता; वह सब भीतर है। जो कुछ मनुष्य 'जानता' है, वह मनोवैज्ञानिक शब्दावली में ठीक ठीक 'खोज निकालता' है अथवा 'निरावृत करता' है, होना चाहिए। आत्मा अनंत ज्ञान की खान है; जो कुछ मनुष्य 'जानता' है, वह वास्तव में उसी पर का एक पर्दा हटने पर उसकी 'खोज' होती है। हम लोग कहते हैं, न्यूटन ने आकर्षण शक्ति को ढूँढ़ निकाला। क्या

आकर्षण-शक्ति किसी कोने में बैठी उसका रास्ता देख रही थी ? वह उसी के मस्तिष्क में थी, समय आया तब उसे उसका ज्ञान हुआ। संसार को जितना भी ज्ञान मिला है, इसी मस्तिष्क से। तुम्हारा मस्तिष्क ही विश्व का असीम, अछोर पुस्तकालय है। बाह्य संसार एक प्रतीक, एक संकेतमात्र है, जो तुम्हें अपने आपको जानने के लिए इंगित करता है परंतु अपने अध्ययन के विषय तुम स्वयं हो। सेब के गिरने से न्यूटन को एक संकेत मिला और उसने अपने मस्तिष्क का अध्ययन किया। उसने अपने मन की पूर्व विचार-शृंखलाओं को पुनः एकत्र किया और उनमें उसे एक नई शृंखला का पता चला जिसे हम 'आकर्षण-शक्ति का नियम' कह कर पुकारने लगे। वह सेब अथवा पृथ्वी की केंद्रस्थित किसी वस्तु में न था। इस भाँति सभी ज्ञान, लौकिक व पारलौकिक, मनुष्य के चित्त में हैं। अनेक बार उनकी खोज नहीं हो पाती, वह आवृत रह जाते हैं। जब आवरण धीरे-धीरे हटता जाता है तब हम कहते हैं कि हम सीख रहे हैं और सभी ज्ञान का विस्तार इस खोज के क्रम से ही होता है। जिस मनुष्य पर से यह आवरण उठता जाता है, ज्ञानी होता है, जिस पर वह गहरा पड़ा होता है, वह मूर्ख होता है और जिस पर से बिलकुल हट जाता है, वह सर्वज्ञ, सर्वान्तर्यामी हो जाता है। सर्वज्ञ मनुष्य हो चुके हैं और मुझे विश्वास है, अभी होंगे। भावी सृष्टि-क्रम में वे अनगिनत होंगे। चकमक पत्थर में निहित अग्नि की भाँति ज्ञान मनुष्य के भीतर है; संकेत ही वह संघर्ष है जिससे उस अग्नि की उत्पत्ति होती है। इसी भाँति हमारे कर्म और भावनाएँ—रोना-हँसना, सुख-दुख, अभिशाप-आशीष, प्रशंसा-निंदा—अपने आपको शांतिपूर्वक मनन करने पर इनमें से प्रत्येक को हम विभिन्न बाह्य प्रहारों से अपने भीतर ही उत्पन्न हुआ देख सकते हैं। उसका फल हम हैं; इन सब प्रहारों का समष्टि-नाम कर्म है। प्रत्येक मानसिक व शारीरिक प्रहार जो आत्मा से वह्निस्फुरण करने के लिए, उसे अपनी उचित शक्ति और ज्ञान को जानने के लिए, उस पर किया जाता है, कर्म है। कर्म-शब्द का यह विशाल अर्थ है। हम सभी लोग अपने जीवन में कर्म करते रहते हैं। मैं आप लोगों से वार्तालाप कर रहा हूँ, यह कर्म है। आप लोग सुन रहे हैं, वह कर्म है। हम लोग जो साँस लेते हैं, वह कर्म है। हम लोग चलते हैं, यह कर्म है। बात करते हैं, कर्म है। प्रत्येक क्रिया, शारीरिक व मानसिक, जो हम करते हैं, कर्म है, वह निरंतर अपने चिह्न हम पर छोड़ती जाती है।

कुछ काम ऐसे होते हैं जो अनेक छोटे कामों का जोड़, उनका परिणाम होते हैं। समुद्र के किनारे खड़े हुए तटभूमि से टकराती लहरों का शब्द सुनकर हम कहते हैं, वह कितना गंभीर और प्रबल है; फिर भी हम जानते हैं कि एक बड़ी लहर छोटी-छोटी लाखों-कराड़ों लहरों से बनती है। उनमें से प्रत्येक शब्द करती है परंतु हम उन्हें पकड़ नहीं पाते। जब वे एक विशाल समष्टि बन जाती हैं, तभी उस गर्जन को हम सुन पाते हैं। इसी तरह हृदय का प्रत्येक स्पंदन कर्म के सामूहिक रूप का एक

अंश है। किन्हीं कर्मों की हमें अनु ूति होती है और हम उन्हें पहचान जाते हैं; साथ ही वे अनेक छोटे कर्मों का समुच्चय हैं। यदि आप वास्तव में किसी मनुष्य का चरित्र जानना चाहते हैं तो उसके बड़े कर्मों को मत देखिए। कोई भी मूर्ख समय पाकर धीमान् हो सकता है। मनुष्य को उसके छोटे-छोटे काम करते देखिए; वे ही वास्तव में किसी महापुरुष का सच्चा चरित्र आपको बता सकते हैं। मौका पड़ने पर छोटे-से-छोटे आदमियों में भी बड़प्पन आ सकता है; सचमुच बड़ा तो वही है जिसका चरित्र सदा बड़ा है, वह जैसा जहाँ भी हो।

चरित्र-निर्माण में कर्म ही सबसे बड़ी शक्ति है जिसका मनुष्य को सामना करना पड़ता है। मनुष्य एक केन्द्र-बिन्दु की भाँति है और वह विश्व की तमाम शक्तियों को अपनी ओर खींचता है; उस केन्द्र में वह उन्हें मिलाता है और फिर एक विशाल ध ारा में उन्हें प्रवाहित कर देता है। ऐसा केन्द्र-बिन्दु वह 'वास्तविक' मनुष्य है, सर्वज्ञ और सर्व-शक्तिमान्, जो तमाम सृष्टि को अपनी ओर खींच लेता है; पाप-पुण्य, सुख-दुख सभी उसकी ओर आकर्षित, उससे जाकर लिपट जाते हैं; उनमें से वह उस मनोवृत्तियों की विद्युत्-धारा का निर्माण करता है जिसका नाम चरित्र है और उसे बाहर को फेंकता है। जिस प्रकार बाहर की चीजें अपनी ओर खींचने की उसमें शक्ति है, उसी प्रकार कार्य-रूप में परिणत होने के लिए उन्हें बाहर फेंकने की भी।

संसार में जितने भी काम हम देखते हैं, मनुष्य-समाज के सभी आंदोलन, जितने काम हमारे चारों ओर होते हैं, वे सब विचार का चमत्कार, मनुष्य की मनःशक्ति का प्रकटीकरण-मात्र हैं। यंत्र, कल-पुर्जे, नगर, जहाज सब कुछ उस मनःशक्ति का स्पष्टीकरण है। और इस शक्ति के मूल में चरित्र होता है और चरित्र के मूल में कर्म। जैसा कर्म होता है वैसे ही मनःशक्ति स्पष्ट होती है। वे अनेक महती मनःशक्ति वाले पुरुष, जिन्हें संसार ने जन्म दिया है, बड़े ही कर्मठ व्यक्ति रहे हैं;—वे विशाल, दैत्याकार, वह मनस्विता वाले चाहते तो संसार उलट देते। और उन्हें वह मनस्विता लगातार युग-पर-युग काम करने से प्राप्त हुई थी। बुद्ध अथवा ईसा की-सी दानवी मनःशक्ति एक जन्म में काम करने पर नहीं पाई जा सकती; क्योंकि हम जानते हैं, उनके पिता कौन थे। यह नहीं मालूम कि उन्होंने मनुष्य-जाति की भलाई के लिए एक शब्द भी कहा था। जॉसेफ की तरह के सैकड़ों बढ़ई हो चुके, और अभी जीवित हैं; बुद्ध के पिता-से सैकड़ों राजा यहाँ हो चुके। यदि केवल पैतृक आदान-प्रदान की बात है, तो क्या कारण है कि उस छोटे-से राजा ने, जिसकी आज्ञा शायद उसके कर्मचारी ही न मानते थे, उस पुत्र को जन्म दिया जिसका आधी दुनिया नाम जपती है ! बढ़ई और उसके पुत्र के मध्य उस अंतर का क्या कारण है जिससे दूसरे को लाखों मनुष्य देवता के समान पूजते हैं ? पैतृक संबंध ही उसके मूल में ही नहीं हो सकता। वह महती मनःशक्ति जिसे बुद्ध ने संसार के ऊपर बिछा दिया, जो ईसा के भीतर से मुद्भूत हुई, कहाँ से आई ? उस शक्ति का संचय कहाँ से हुआ ? वह

जन्म-जन्मांतर में धीरे-धीरे बढ़ती रही होगी यहाँ तक कि अंत में एक बुद्ध या ईसा के रूप में मनुष्य-जाति के सामने फूट पड़ी। और उसका प्रभाव आज दिन तक लहराता चला आया है।

और यह सब कर्म का परिणाम है। जो बोता है वही काटता है—यह अमर सिद्धांत है। शायद हम कभी सोचें कि वह सच नहीं पर अंततोगत्वा हमें उसकी सच्चाई स्वीकार ही करनी पड़ती है। मनुष्य जीवन भर समृद्ध होने के लिए हाथ-पैर पटका करे, हजारों को धोखा दे परंतु अंत में उसे मालूम होता है कि वह समृद्ध होने के योग्य न था और तब उसका जीवन उसके लिए भार हो जाता है। सांसारिक भोग की वस्तुएँ हम एकत्र करते जाएं, परंतु हमारे पास रहता वही है जिसे हमने सचमुच कमाया होता है। मूर्ख संसार भर की पुस्तकें खरीदकर अपने पुस्तकालय में रख सकता है लेकिन उनमें से वह पढ़ उन्हीं को सकेगा जिन्हें पढ़ने की उसमें योग्यता होगी। और यह योग्यता कर्म से उत्पन्न होती है। हमारी योग्यता, हमारी ग्राह्य शक्ति हमारे कर्म के अनुरूप होती है। हम जो कुछ भी होना चाहें, वह हो सकने की शक्ति हममें है। यदि हमारा वर्तमान रूप हमारे पूर्व कर्मों का परिणाम है, तो निश्चय ही अपने आज के कर्मों द्वारा हम अपना अभीप्सित भावी रूप भी बना सकते हैं। इसलिये हमें कर्म करना सीखना है। आप कहेंगे—"कर्म करना सीखने से क्या लाभ ? संसार में किसी-न-किसी ढंग से सभी कर्म करते हैं।" परंतु शक्ति का अपव्यय भी किया जा सकता है। कर्मयोग के संबंध में गीता में यह कहा गया है कि कर्म को चतुरता से, एक विज्ञान की भाँति करने पर, कर्म कैसे किया जाए, यह सीख लेने पर ही, उत्तम फल मिल सकता है। आपको स्मरण रखना चाहिये कि सब कर्म मन की शक्ति को जगाने के लिए है, जो वहाँ पहले से है—आत्मोद्बोधन के लिए। प्रत्येक मनुष्य के भीतर शक्ति है, ज्ञान है, भिन्न कर्म उसे प्रति-फलित करने के लिए, उस महादानव को जाग्रत अवस्था में लाने के लिए, प्रहारस्वरूप हैं।

मनुष्य अनेक प्रकार की इच्छाओं से प्रेरित हो कर्म करता है। बिना इच्छा के कर्म नहीं हो सकता है। कुछ मनुष्य कीर्ति के अभिलाषी होते हैं और वे कीर्ति के लिए काम करते हैं। कुछ धन पाना चाहते हैं और वे धन के लिए काम करते हैं। कोई शक्ति अर्जित करना चाहते हैं, वे शक्ति के लिए कार्य करते हैं। अन्य स्वर्ग जाना चाहते हैं, वे तदर्थ प्रयत्न करते हैं। कोई मरने पर यहाँ अपना नाम छोड़ जाना चाहते हैं, जैसा कि चीन में होता है जहाँ बिना मरे किसी को उपाधि नहीं मिलती। हमारे यहाँ की प्रथा से वह अच्छी ही है। वहाँ जब कोई मनुष्य बहुत साधु-कर्म करता है तो वे उसके मृत पिता अथवा पितामह को उच्च उपाधि से विभूषित करते हैं। कुछ मनुष्य उसके लिए कर्म करते हैं। किन्हीं मुसलमान सम्प्रदायों के अनुयायी अपने तमाम जीवन में मकबरा तैयार कराने में व्यस्त रहते हैं, जिसमें मरने पर वे दफ़नाया जा सकें। मैं ऐसे सम्प्रदायों को जानता हूँ जहाँ बच्चा होते ही वे उसके मकबरे का

प्रबन्ध करना आरम्भ कर देते हैं। उनके यहाँ मनुष्य का वह सबसे महत्वपूर्ण काम है और जिसका मकबरा जितना ही अधिक विशाल और शोभन होता है, वह उतना ही अधिक भाग्यशाली समझा जाता है। अन्य प्रायश्चित के लिए शुभ-कर्म करते हैं। हर तरह के वे पाप करते हैं; बाद को एक मन्दिर बनवाकर या पण्डितों को कुछ घूस देकर स्वर्ग के लिए परवाना पा लेते हैं। वे समझते हैं कि इस उदारता से उनकी कालिमा धुल जाएगी और पापी होते हुए भी वे साफ बच जाएंगे। कर्म के लिए प्रेरित करने वाली इस प्रकार की कुछ इच्छाएँ होती हैं।

कर्म कर्म के लिए। प्रत्येक देश में इस प्रकार के कुछ नर-रूप देवता होते हैं जो कर्म कर्म के लिए करते हैं, जिन्हें न यश की, न धन की, न स्वर्ग की ही अभिलाषा होती है। वे कर्म करते हैं, केवल इसलिये कि उसका परिणाम शुभ होगा। अन्य जो गरीबों की भलाई और मनुष्य-जाति का हित करते हैं, और भी उच्च विचार वाले होते हैं; अच्छे कर्म करना अच्छा है और इसलिये जो कुछ भी अच्छा होता है, वे उसे प्यार करते हैं। अब उसी इच्छाओं के विषय पर आते हैं; धन और यश की इच्छाओं का शायद ही कभी तुरंत फल मिलता हो। धन और यश प्रायः हमें तब प्राप्त होते हैं जब हम वृद्ध हो आते हैं और जीवन से विदा लेने का समय आ जाता है। यदि जीवन भर मैं नाम के लिए काम करूं तो अन्त में कहीं जाकर मुझे थोड़ा-सा नाम मिलेगा; यदि कीर्ति के लिए, तो अन्त में थोड़ी-सी कीर्ति मिलेगी। इसी भाँति किसी भौतिक पदार्थ की यदि आकांक्षा हो, तो अन्त में वह मुझे मिल जाती है और वहीं क्रम रुक जाता है। परन्तु यदि मनुष्य बिना किसी स्वार्थ के कार्य करता है तो उसका क्या होता है ? क्या उसे कोई लाभ नहीं होता है ? हाँ होता है; उसे सबसे बड़ा लाभ होता है। स्वार्थहीनता से अधिक लाभ होता है। केवल मनुष्य में उसका आचरण करने का धैर्य नहीं। सांसारिक लाभ भी उससे अधिक होता है। प्रेम, सत्य, त्याग आलंकारिक संकेत-मात्र नहीं। वे हमारा सर्वोच्च आदर्श हैं, शक्ति का महत्तम विकास उन्हीं के द्वारा सम्भव है। सबसे पहले एक मनुष्य जो पाँच मिनट के लिए भी बिना किसी स्वार्थ-भावना के, स्वर्ग-नरक भूत-भावी आदि का विचार किये, काम कर सकता है, अपने में एक महान् अध्यात्म वीर होने की सामर्थ्य रखता है। ऐसा करना कठिन है पर अपने गूढ़-से-गूढ़ अन्तर्हृदय में हम उसका मूल्य तथा उसका कितना सुन्दर परिणाम होगा, भली-भाँति जानते हैं। यह महान् निरोध शक्ति का सबसे बड़ा परिचय है। स्वेच्छारोध सभी बाह्य कर्मों की अपेक्षा शक्ति का महत्तर प्रमाण है। चार घोड़ों से जुती गाड़ी पहाड़ी के ढाल पर बिना बाधा के दौड़ती चली आ सकती है। अथवा सारथी घोड़ों को रोक ले। शक्ति का परिचय किससे अधिक मिलता है, उन्हें रोकने से या चले जाने देने से ? एक गेंद हवा में उड़ती हुई दूर जाकर गिरती है; दूसरी की गति दीवाल से टकराने से रुक जाती है, और विद्युत् के समान उष्णता का जन्म होता है। इसलिये बाह्य कर्म स्वार्थ-भावनाओं का अनुगामी होता है और आगे-पीछे

उसका लोप हो जाता है। उससे शक्ति तुम्हें लौटकर नहीं आ सकती, परन्तु यदि स्वेच्छा-निरोध किया जाए तो शक्ति बढ़ेगी। इस प्रकार के निरोध से वह मनःशक्ति उत्पन्न होगी, वह चरित्र बनेगा जिससे एक ईसा ईसा और एक बुद्ध बुद्ध होता है। मूढ़धी यह रहस्य नहीं जानते; फिर भी वे मनुष्य जाति पर अपना प्रभुत्व स्थापित करना चाहते हैं। मूर्ख यह नहीं जानता है कि वह भी यदि कर्म और प्रतीक्षा करे, तो समस्त संसार का स्वामी हो सकता है। कुछ दिन धैर्य रखिये, स्वामीत्व के क्षुद्र विचार का निरोध कीजिये; जब वह विचार पूर्णतः चला जाएगा तब आपकी इच्छा-शक्ति से ब्रह्माण्ड शासित होगा। मनुष्य चार पैसे के पीछे अंधा बना घूमता है और उन क्षुद्र चार पैसों के लिए अपने भाई मनुष्य को धोखा देने में तनिक भी आगा-पीछा नहीं करता ! परंतु यदि वह धैर्य धारण करे, तो वह ऐसा चरित्र बना सकता है कि इच्छा करने पर करोड़ों अपने पास बुला सके । परंतु हम सब ऐसे ही मूर्ख हैं। हममें से अधिकांश की कुछ दिनों के आगे दृष्टि नहीं पहुँचती जैसे कि कुछ पशु दो-चार कदम के आगे नहीं देख सकते। एक छोटा-सा वृत्त—यही हमारा संसार है। उसका क्षितिज पार कर देखने का हममें धैर्य नहीं और हम पापी और अनाचारी हो जाते हैं। यही हमारी शक्तिहीनता, निर्बलता है।

छोटे-से-छोटे कामों से भी नाक-भौं न सिकोड़ना चाहिये। मनुष्य अपने स्वार्थ के लिए, धन और यश के ही लिए काम करे, यदि वह इनसे महत्तर अभीप्स्य नहीं जानता। परंतु प्रत्येक मनुष्य को क्षुद्र इच्छाओं से उठकर उच्च इच्छाओं की ओर जाना होता है और जानना होता है कि ये इच्छाएँ क्या हैं। "काम करने का हमारा अधिकार है, उसके फल का नहीं।" फल, कर्मों के परिणाम की चिन्ता छोड़िये। फल का विचाराविचार कौन करे ? जब आप किसी मनुष्य की सहायता करें तब इस बात का तनिक भी ध्यान न कीजिये कि आपके प्रति उसके हृदय में कैसे भाव हैं। फलों की नाप-जोखकर उन्हें पहचानने का विचार न कीजिये।

कर्म के इस आदर्श के संबन्ध में विचार के लिए एक कठिन प्रश्न उठता है। घोर अध्यवसाय आवश्यक है ! हमें निरंतर कर्म करते रहना चाहिये। एक क्षण भी बिना कर्म किये हम रह नहीं सकते। तब आदर्श शांति के विषय में क्या कहा जाए ? एक ओर आजीवन घोर परिश्रम का चित्र है; अपने सामाजिक जीवन-चक्र में हम द्रुत गति से घूमते हैं। और दूसरी ओर शांत, निर्लिप्त संन्यास का चित्र है; चारों ओर शांति, कोई दिखावे की वस्तु नहीं, कोई हलचल-कोलाहल नहीं, केवल प्रकृति, पशु, फूल और पर्वत ! इनमें से कोई भी पूर्ण चित्र नहीं। असमर्थ संन्यासी संसार के अजस्र घूर्ण्यमान वज्र-चक्र के क्षुद्र संघर्ष से भी सहस्रधः छिन्न-विच्छिन्न हो जाएगा; समुद्र-तल में रहने वाली मछली सतह पर आते ही जैसे टुकड़े-टुकड़े हो जाती है; नीचे जल का भार उसे सुरक्षित रखता है; इसी भाँति ये अकर्मण्य संन्यासी संसार के संसर्ग में आते ही छिन्न-भिन्न हो जाते हैं। क्या एक मनुष्य, जो जीवन के प्रखर प्रवाह में

बहने का आदी है, एकाएक किसी निर्जन स्थान में आकर जीवित रह सकता है ? वहाँ से यदि जिया, तो वह पागलखाने ही जा सकता है। आदर्श मनुष्य वह है जो अक्षुण्ण शांति और निर्जनता में रहता हुआ भी अविराम गति से कर्मण्य रहता है तथा जो घोर कर्मण्यता का केन्द्र होते हुए भी वन की-सी शांति और निर्जनता पाता है। उसने निरोध का रहस्य सीख लिया है। अपने आपको उसने वश में कर लिया है। विशाल नगरी के कोलाहलपूर्ण जनपथ में जाते हुए भी उसका चित्त ऐसा शांत रहता है जैसे वह किसी दूर पर्वत-कंदरा में बैठा हो जहाँ पक्षी तक न बोलता हो; और सारे समय वह कर्मरत रहता है। यही कर्मयोग का आदर्श है और यदि आप वहाँ तक पहुँच गये तो आपने वास्तव में कर्म का रहस्य जान लिया।

परंतु हमें आदि से आरंभ करना पड़ेगा। जो काम भी सामने आये हम उसे करें और धीरे-धीरे स्वार्थ छोड़ते जाएँ। जो काम हमारे भाग में पड़ा है, उसे करते हुए उसकी प्रेरक इच्छा का हमें पता लगाना चाहिए; और प्रायः बिना अपवाद के पहले-पहल हमें पता लगेगा कि हमारी इच्छाएं स्वार्थी हैं। धीरे-धीरे यह स्वार्थ की जड़िमा दूर होगी; सतत प्रयत्न से अंत में वह समय आयेगा जब हम निःस्वार्थ कर्म कर सकेंगे, कम-से-कम कभी-कभी। तब हम लोग आशा कर सकते हैं कि इस जीवन-सरिता में बहते एक समय हम सभी स्वार्थ-त्यागी हो सकेंगे। जब वह समय आयेगा, जब हमारी सभी विच्छिन्न शक्तियाँ एकत्र हो जाएंगी, और सत्य का ज्ञान हमारा होकर तुरंत प्रकाशित होगा।

दूसरा अध्याय

मनुष्य-मात्र महान् है

सांख्य दर्शन के अनुसार प्रकृति में सत्त्व, रज और तम तीन शक्तियाँ हैं। ससार में जिस भाँति ये प्रकट होती हैं, उसे हम आकर्षण, प्रत्याकर्षण और दोनों का समानभाव कह सकते हैं। सत्त्व दोनों का समान-भाव है, रज प्रत्याकर्षण तथा तम आकर्षण। तम की संज्ञा अंधकार अथवा क्रियाहीनता है, रज की क्रियाशीलता है जबकि प्रत्येक परमाणु केंद्र से अलग हो दूर जाना चाहता है; सत्त्व दोनों का समान-भाव, दोनों को उचित अनुपात में रखता है।

प्रत्येक मनुष्य में भी तीन शक्तियाँ होती हैं; और हम देखते हैं कि हममें से प्रत्येक में तम का प्राबल्य है। हम लोग आलसी हो जाते हैं; जगह से हिल नहीं सकते, अकर्मण्य, जैसे आलस्य अथवा कुछ विचार हमें जकड़ लेते हों ! किसी दूसरे समय हम लोग अत्यंत क्रियाशील हो जाते हैं और फिर कभी इन दोनों का अनुपात बराबर हो जाता है—सत्त्व । किन्हीं मनुष्यों में इन शक्तियों में से किसी एक का साधारणतः प्राधान्य रहता है। कोई स्वभाव से ही सुस्त और काहिल होता है; कोई स्वभाव से शक्ति-संपन्न, कर्मठ और चैतन्य होता है; और किसी के स्वभाव में मधुरता, शांति तथा उद्यम और अनुद्यमशीलता का उचित सामंजस्य रहता है ! इस भाँति प्राणिमात्र में, पशु, पौधों और मनुष्य में इन गुणों का न्यूनाधिक एक नैसर्गिक विकास दिखाई देता है।

कर्मयोग में प्रकृति के इन तीन तत्त्वों अथवा गुणों पर विशेष विचार करना होता है। वे क्या हैं और हम उनका कैसे प्रयोग कर सकते हैं, यह सिखाकर वह हमें अपने काम सुचारु ढंग से करना बताता है। मानव-समाज विभिन्न श्रेणियों से बना है। हम सब कर्तव्य और धर्म के विषय में जानते हैं परंतु साथ ही हम देखते हैं कि विभिन्न देशों में धर्म और कर्तव्य के अर्थ भिन्न-भिन्न होते हैं। एक देश का धर्म दूसरे के लिए अधर्म होता है। उदाहरण के लिए एक देश में चचेरे भाई-बहन ब्याह कर लेते हैं, दूसरे में ऐसा करना घोर अधर्म समझा जाता है। एक देश में बड़े भाई की स्त्री से विवाह करना उचित है, दूसरे में अनुचित; एक देश में पुरुष केवल एक विवाह कर

सकता है, दूसरे में अनेक—इसी भाँति और भी। धर्म के और-और अंगों में इसी प्रकार का आदर्श-भेद पाया जाता है। फिर भी हमारे भीतर यह विचार होता है कि धर्म का एक सार्वदेशिक आदर्श होना चाहिये।

इसी भाँति जीवन के नित्यप्रति के आचरणों में भिन्न जातियों में कर्तव्य के भिन्न आदर्श हैं। एक देश में कुछ निर्धारित काम न करने से कर्तव्यच्युति समझी जाएगी; दूसरे में उन्हें करने पर दोष माना जाएगा; और फिर भी हम जानते हैं कि आचरण का एक सार्वदेशिक आदर्श होना चाहिये। इसी प्रकार समाज की एक श्रेणी के लिए कुछ बातें उसके धर्म में सम्मिलित हैं, दूसरी श्रेणी के लिए उनका विचार भी पाप है और उसके लिए वे सर्वथा त्याज्य हैं। हमारे सामने दो मार्ग हैं—एक अज्ञानियों का, जो अपने आपको छोड़ सारी दुनिया को गलत रास्ते पर चलता देखते हैं, दूसरा बुद्धिमानों का, जो यह मानते हैं कि हमारे मानसिक विकास के अनुकूल तथा जीवन की विभिन्न श्रेणियों के अनुरूप धर्म तथा आचरण की विभिन्नता सम्भव है। इसलिये जानना यह है कि जीवन की सतह पर, किन्हीं परिस्थितियों में मनुष्य का जो धर्म है, वह अन्य में न होगा और न हो सकता है।

एक उदाहरण से अर्थ स्पष्ट हो जाएगा। संसार के सभी महापुरुषों ने कहा है—"पाप का प्रतिकार न करो"—अहिंसा मनुष्य का परम धर्म है। हम सब यह जानते हैं, परन्तु इस देश का प्रत्येक निवासी यदि उस सिद्धान्त को अपने-अपने जीवन में पूर्ण रूप से कार्य-रूप में लाने लगे तो समाज नष्ट-भ्रष्ट हो जाये; पापी और दुराचारी हमारे धन और जीवन के स्वामी हो जाएं तथा जो चाहें हमारा कर डालें। एक दिन के लिए भी यदि यह अहिंसा कार्य-रूप में लाई जाए तो समाज की शृंखलाएँ विच्छिन्न हो जाएं। फिर भी स्वभावतः अपने हृदय में हम इस उपदेश की सचाई का अनुभव करते हैं—"पाप का प्रतिकार न करो।" जीवन का हमें यही उच्चतम आदर्श जँचता है; फिर भी इसका प्रचार करना आधी मानव-जाति के लिए अभिशाप तुल्य होगा। यही नहीं, इससे मनुष्य को सदा उचित-अनुचित का भय लगा रहेगा; वह यही सोचा करेगा, वह जो कुछ कर रहा है, हिंसा तो नहीं। वह निःशक्त हो जाएगा और यह आत्म-कातरता किसी भी अन्य दुर्बलता की अपेक्षा पाप के अधिक बीज बोयेगी। जो मनुष्य अपने आप से घृणा करने लगा, उसके लिए विनाश का दरवाजा खुल गया; और यह बड़ी-बड़ी जातियों के लिए भी सच है।

हमारा पहला कर्तव्य है, हम अपने-आप से घृणा न करें; आगे बढ़ने के लिए पहले अपने आप में, उसके बाद ईश्वर में विश्वास चाहिये। जिसे अपने ऊपर भरोसा नहीं, उसे ईश्वर पर कभी भरोसा नहीं हो सकता। इसलिये हमारे लिए यही मार्ग रह जाता है कि हम इस बात को स्वीकार करें कि भिन्न परिस्थितियों के अनुसार धर्म और आचरण में विभेद होता है; यह नहीं कि जो मनुष्य पाप का प्रतिकार करता है, वह सदा एक ऐसा काम करता है जो कभी ठीक हो नहीं सकता। प्रत्युत जिन विशेष

परिस्थितियों में वह पड़ा है, उनमें पाप का प्रतिकार करना उसका धर्म भी हो सकता है।

आप लोगों में से बहुतों ने भगवद्गीता पढ़ी होगी और बहुतों ने यहाँ पाश्चात्य देशों में पहले अध्याय पर आश्चर्य का भी अनुभव किया होगा, जहाँ श्रीकृष्ण अर्जुन को कायर और प्रपंची कहते हैं, क्योंकि वह अपने शत्रुओं से इसलिये नहीं लड़ता कि वे उसके सम्बन्धी और मित्र हैं, इसलिये कि अहिंसा ही परम धर्म है। हम लोगों को यह महान् पाठ भली भाँति याद रखना चाहिये कि सर्वथा दो वस्तुओं की चरम सीमाएँ एक होती हैं; चरम अस्ति और चरम नास्ति एक हैं। ज्योति के स्पन्दन जब बहुत धीमे होते हैं, तब हम उन्हें देख नहीं सकते और न उन्हें हम तब देख सकते हैं जब वे अत्यंत तीव्र हो जाते हैं। इसी भाँति शब्द; जब वह बहुत मंद होता है तब हम उसे सुन नहीं सकते और जब वह बहुत ऊँचा हो जाता है, तब भी उसे नहीं सुन सकते। इसी भाँति हिंसा और अहिंसा का भेद है। एक मनुष्य पाप का प्रतिकार इसलिये नहीं कर सकता, कि वह आलसी और निःशक्त है, चाहे भी तो कर नहीं सकता, इसलिये नहीं कि प्रतिकार करने की उसे इच्छा नहीं; दूसरा मनुष्य जानता है कि चाहे तो असह्य प्रहार कर सकता है, फिर भी वह प्रहार न कर अपने शत्रुओं को आशीर्वाद देता है। जो दुर्बलता के कारण प्रतिकार नहीं करता, वह पापी है, और इस अहिंसा से उसका कोई भला नहीं हो सकता; साथ ही दूसरा यदि प्रहार करे तो पाप का भागी होगा। बुद्ध ने अपना राजसिंहासन छोड़ दिया, वह सच्चा त्याग था; भिखारी के साथ त्याग का प्रश्न नहीं उठता, जिसके पास तजने के लिए कुछ है ही नहीं। इसलिये अहिंसा और आदर्श प्रेम की बातचीत करते समय हमें थोड़ा चौकन्ना रहना चाहिये कि हमारा ठीक अर्थ क्या है। हमें पहले यह जान लेना .चाहिये कि हममें प्रतिकार की शक्ति है भी या नहीं ! यदि शक्ति रहते हुए हम उसे जाने देते हैं और पाप का प्रतिकार नहीं करते तो हम प्रेम का एक आदर्श कार्य करते हैं; परंतु यदि हममें प्रतिकार की शक्ति नहीं, फिर भी अपने को यह कहकर धोखा देते हैं कि हम अहिंसा का पालन करते हैं, तो यह बिलकुल विपरीत होगा। इस प्रकार शत्रुओं की अक्षौहिणी देखकर अर्जुन कायर हो गया था; अहिंसा के आदर्श ने उसे उसके देश व सम्राट के प्रति कर्तव्य का विस्मरण करा दिया था। इसीलिए श्रीकृष्ण ने उसे प्रपंची कहा था—"तू पण्डितों की तरह बातें करता है परन्तु तेरे आचार कहते हैं कि तू कायर है, इसलिये उठ और युद्ध कर।"

कर्मयोग का यह मूल विचार है। कर्मयोगी वह है जो जानता है कि मनुष्य का उच्चतम आदर्श अहिंसा है, यह भी कि अपनी वास्तविक शक्ति का यह श्रेष्ठ निदर्शन है तथा पाप का प्रतिकार अहिंसा के शिखर तक पहुँचने के मार्ग की एक सीढ़ी मात्र है। इस आदर्श तक पहुँचने के पहले मनुष्य का कर्तव्य है कि वह पाप का प्रतिकार करे, काम करे, युद्ध करे, अपनी पूर्ण शक्ति से प्रहार करे; तभी जब उसमें प्रतिकार

की पूर्ण शक्ति हो जाएगी, अहिंसा उसका गुण होगा।

अपने देश में मुझे एक बार एक आदमी मिला जिसे मैं पहले से जानता था कि वह एकदम बेवकूफ है, न कुछ जानता है न जानने की इच्छा रखता है; वह एक पशु का जीवन बिता रहा था। उसने पूछा, भगवान के दर्शन कैसे हों, वैकुण्ठ कैसे मिले ? मैंने पूछा—"तुम झूठ बोल सकते हो ?" उसने कहा—"नहीं।" "तब तुम पहले झूठ बोलना सीखो। लट्ठ के लट्ठ रहने से झूठ बोलना भी अच्छा है। तुमसे काम-धाम कुछ नहीं होता, उस दशा को तो पहुँचे नहीं हो जहाँ कर्म होता नहीं, केवल शांति ही शांति रहती है। तुम इतने बुद्धू हो कि तुमसे कोई बुरा काम भी नहीं हो सकता।" यह एक असाधारण माामला था और मैं उससे हँसी कर रहा था परन्तु मेरा तात्पर्य यह था कि मनुष्य को आदर्श पाने के लिए क्रियाशील होना चाहिये।

अकर्मण्यता से सदा दूर रहना चाहिये। कर्मण्यता का अर्थ है प्रतिकार। स्थूल सूक्ष्म सभी बुराइयों का प्रतिकार करो ! जब तुम उन्हें रोक सकोगे तभी तुम्हें शांति मिलेगी। यह कहना अत्यंत सरल है, "किसी से घृणा न करो, बुराई का बदला बुराई न दो", परन्तु हम जानते हैं, साधारण आचरण में इन बातों का कितना महत्व होता है। जब लोगों की दृष्टि हम पर होती है तब हम भले ही अहिंसावादी बन जाएं परंतु हृदय मे वह हमें खलता है। अहिंसा की शांति के अभाव का हमें अनुभव होता है; हम सोचते हैं, हिंसा का उत्तर हिंसा से देते तो अच्छा था। यदि तुम्हें धन की चाह है और साथ ही यह भी जानते हो कि सारे संसार की दृष्टि में धन कमाना घोर पाप है, तो धन कमाने में सारी शक्तियां लगा देने का तुममें साहस न होगा, यद्यपि दिन-रात तुम्हें उसी का ध्यान रहेगा। यह सरासर धोखेबाजी है और इसका कोई फल न होगा। संसार-क्षेत्र में कमर कसकर उतर पड़ो और उसके सभी सुखों-दुखों को भोग डालो; उसके बाद त्याग का समय आयेगा, तब तुम्हें शांति मिलेगी। धन, शक्ति, जिसकी भी चाह हो, उसे पहले पूरी कर लो; तब तुम्हें मालूम होगा, वे कितनी क्षुद्र वस्तुएँ थीं। परंतु बिना इन इच्छाओं की पूर्ति के, बिना क्रियाशीलता की समर-भूमि पार किये तुम्हारे लिये संन्यास और त्याग की शांति पाना असंभव है। त्याग और संन्यास के विचारों का शताब्दियों से प्रचार किया गया है; संसार में जो भी पैदा हुआ है, उसने उनके विषय में सुना है, फिर भी हम देखते हैं कि संसार में केवल वे इने-गिने थोड़े ही व्यक्ति हैं, जो उस अखंड शांति की दशा को पहुँचे हैं। मैं नहीं जानता, यदि अपने जीवन में मैंने ऐसे बीस आदमी देखे हों जो सचमुच शांत और अहिंसा-व्रत का पूर्ण--रूप से पालन करने वाले हों, और मैं आधी दुनिया का सफर कर चुका हूँ।

प्रत्येक मनुष्य को अपना आदर्श निश्चित कर उस तक पहुँचने की चेष्टा करनी चाहिये। दूसरों के आदर्शों की ओर दौड़ने की अपेक्षा, जहाँ तक हम कभी पहुँच नहीं सकते, उन्नति का यह अधिक निश्चयात्मक मार्ग है। जैसे किसी बच्चे से एकदम बीस मील चलने को कहिये; या तो मार्ग में ही उसका अंत हो जाएगा अथवा हजारों

में से कहीं एक लक्ष्य तक अर्द्धमृत जर्जर दशा में पहुँच पायेगा। संसार के साथ भी हमारा कुछ ऐसा ही व्यवहार होता है। किसी समाज के सभी स्त्री-पुरुष समान भाव वाले अथवा शक्ति वाले नहीं होते; कार्य करने की सब में समान सामर्थ्य नहीं होती। उसके विभिन्न आदर्श होने ही चाहिए और किसी भी आदर्श से घृणा करने का हमें अधिकार नहीं। प्रत्येक मनुष्य अपनी शक्तिभर अपने आदर्श तक पहुँचने की चेष्टा करे। न मैं आपके आदर्श से जाँचा जाऊँ, न आप मेरे आदर्श से। अमरूद के पेड़ की बबूल के गुणों से परख न की जानी चाहिये, न बबूल की अमरूद के गुणों से। अमरूद की परख अमरूद के गुणों से कीजिये; बबूल की परख के लिए उसके गुण अलग हैं; यही हम सब पर लागू है।

विभिन्नता में एकता सृष्टि-क्रम का मूल-मंत्र है। स्त्री-पुरुष व्यक्तिगत रूप से कितना भी एक-दूसरे से जुदा-जुदा हों, उनके पीछे एकता अवश्य है। फिर भी स्त्री-पुरुषों की विभिन्न श्रेणियां और चरित्र सृष्टि-धर्म के नैसर्गिक उत्थान-पतन हैं। इसलिये उन सबकी परख हमें एक ही मापदंड से न करनी चाहिये, न उनके सामने एक ही आदर्श रखना चाहिये। इस भाँति के कार्यक्रम से अनावश्यक संघर्ष का जन्म होता है; परिणाम यह होता है कि मनुष्य अपने आपसे घृणा करने लगता है तथा उसके धार्मिक और उन्नत बनने के मार्ग में बाधाएं आ खड़ी होती हैं। हमारा कर्तव्य यह है कि प्रत्येक को हम उसके आदर्श तक पहुँचने में प्रोत्साहन दें और साथ ही यथासम्भव इस आदर्श को सत्य के सन्निकट रखने का प्रयत्न करें।

हिन्दू आचार-शास्त्र में इस बात की जानकारी बहुत पहले से पाई जाती है। उनकी आचार-विचार और धर्म की पुस्तकों में विभिन्न श्रेणी के पुरुषों के लिए भिन्न-भिन्न नियम बनाये गये हैं—गृहस्थ, संन्यासी, ब्रह्मचारी आदि के लिए।

हिन्दू-शास्त्रों के अनुसार प्रत्येक मनुष्य का साधारण मानव-धर्म से भिन्न व्यक्तिगत धर्म है। हिन्दू का जीवन ब्रह्मचर्यावस्था से आरम्भ होता है; इसके बाद विवाह कर वह गृहस्थ बनता है; वृद्ध होने पर वह वानप्रस्थ-आश्रम में प्रवेश करता है; अन्त में संसार त्याग वह संन्यासी हो जाता है। प्रत्येक आश्रम का उसके अनुरूप धर्म है। कोई आश्रम दूसरे से बड़ा-छोटा नहीं; गृहस्थ का जीवन उतना ही महान् है जितना ब्रह्मचारी का। सिंहासनासीन सम्राट् उतना ही महान् है जितना पथ की धूल झाड़ने वाला शूद्र। उसे सिंहासन से उतार लीजिये और फिर देखिये वह शूद्र का काम कैसे कर पाता है। शूद्र को सिंहासन पर बिठा दीजिये और देखिये वह कैसे शासन कर पाता है। यह कहना व्यर्थ है कि जो संसार छोड़ उसके बाहर रहता है, उस आदमी से बड़ा है जो संसार के भीतर रहता है। संसार छोड़ वन में शांत जीवन बिताने से संसार में रहते हुए ईश्वर की उपासना करना कहीं अधिक कठिन है। भारतवर्ष में आश्रम टूटकर अब दो रह गये हैं—एक गृही का, दूसरा संन्यासी का। गृही विवाह कर नागरिक धर्म का पालन करता है; संन्यासी का धर्म उपदेश और

ईश्वर की उपासना में अपनी सारी शक्तियां लगाना है। अब आप देखेंगे, किसका जीवन अधिक कठिन है। मैं ''महानिर्वाण तन्त्र'' में से, जिसमें इस विषय की चर्चा की गई है, कुछ सुन्दर स्थल पढ़ता हूँ और आप देखेंगे, गृहस्थ होना और अपने धर्म का पूर्णरूप से पालन करना कितना कठिन है।

''गृहस्थ को ईश्वरोपासक होना चाहिये; ईश्वर की अनुभूति उसका ध्येय होना चाहिये। फिर भी उसे सदा कर्मरत, अपने सभी कर्तव्यों का पालन करना चाहिये। जो कुछ वह करे, ईश्वर के नाम पर करे।''

संसार में यही करना सबसे कठिन है, काम करना किन्तु फल की प्रत्याशा न करना, किसी की सहायता करना और यह न सोचना कि वह तुम्हें धन्यवाद दे, कोई अच्छा काम करना पर साथ ही यह न देखना कि उससे कुछ धन-यश मिलेगा अथवा कुछ मिलेगा ही नहीं। संसार जब प्रशंसा करने लगता है, तब कायर-से-कायर भी शूर हो जाता है। समाज से तिरस्कृत होने पर वह वीरता के कार्य नहीं कर सकता; परन्तु किसी मनुष्य के लिए समाज की निन्दा-प्रशंसा की तनिक भी चिन्ता किये बिना काम करते रहना, उसका सबसे बड़ा त्याग है। गृहस्थ का कर्तव्य है, जीविकोपार्जन ! परन्तु उसे ध्याान रखना होगा कि वह झूठ बोलकर, धोखा देकर अथवा दूसरों को ठगकर ऐसा न करे और उसे यह भी स्मरण रखना चाहिये कि उसका जीवन ईश्वर की उपासना के लिए है, उसका जीवन दीन-दुखियों की सेवा के लिए है।

''माता-पिता को ईश्वर का साक्षात् प्रतिनिधि जानकर गृही को सदा और सब भाँति उन्हें प्रसन्न रखना चाहिये। यदि माता-पिता उससे प्रसन्न हैं, तो ईश्वर भी उससे प्रसन्न है। वही पूत सपूत है जो माता-पिता को कभी आधी बात तक नहीं कहता।

''माता-पिता के आगे हँसी-दिल्लगी, किसी तरह का दंगा न करना चाहिये, न क्रोध करना चाहिये। उन्हें झुककर प्रणाम करना चाहिये; जब वे आवें तो उठकर खड़े हो जाना चाहिये और जब तक वे न कहें तब तक बैठना न चाहिए।

''यदि गृहस्थ बिना माता-पिता, पुत्र-पुत्री, स्त्री तथा दीन-दुखियों की खबर लिये अपने-आप खाये-पिये और मौज उड़ाये, तो पापी है। माता-पिता ने उसे जन्म दिया है, इसलिये उनकी भलाई के लिये उसे कष्ट भी सहने चाहिये।

''इसी भाँति उसके उसकी स्त्री के प्रति कर्तव्य हैं; किसी पुरुष को अपनी स्त्री को डांटना-फटकराना न चाहिये और उसका सदा इस भाँति भरण-पोषण करना चाहिये जैसे वह उसकी माँ हो। घोर-से-घोर आपदाओं-बाधाओं का सामना करते हुए भी उसे उस पर क्रोध न करना चाहिये।

'''मनुष्य को न यही कहना चाहिये कि वह गरीब है, न अपने धन की डींग हाँकनी चाहिये । उसका कर्तव्य है कि इनके विचार वह अपने तक ही रखे।'' यह साधारण दुनियादारी की बातें नहीं; यदि कोई ऐसा न करे तो लोग उसे अधर्मी

समझेंगे।

गृहस्थ सामाजिक जीवन की नींव, उसका प्रधान आधार है। जीविका वही उपार्जन करता है। ग़रीब, निर्बल, बच्चे, स्त्रियाँ, जो काम भी नहीं कर सकते, उसी का मुँह देखते हैं। इसलिये उसके कुछ कर्तव्य होने चाहिए, और उन्हें पालन करने के लिए उसे साहस होना चाहिये; वह यह न सोचे कि अपने आदर्श के नीचे वह कोई काम कर रहा है। इसलिये यदि उसने कोई छोटी बात या भूल की है, तो उसे सबके सामने उसे न कहना चाहिये। यदि किसी व्यापार में उसे विश्वास है, उसे घाटा होगा, उसे वह भी न कहना चाहिये। इन बातों का प्रकाशन अनावश्यक ही नहीं, वह मनुष्य की स्वात्म-निर्भरता कम कर देता है तथा उसे उसके उचित कर्तव्यों का समुचित पालन करने योग्य नहीं रखता। साथ ही उसे इन दो वस्तुओं की प्राप्ति के लिए घोर परिश्रम करना चाहिये—पहली ज्ञान, दूसरी धन। यह उसका धर्म है, और यदि वह अपने धर्म का पालन नहीं करता, तो वह कुछ नहीं। गृहस्थ जो धनोपार्जन में प्रयत्न-पर नहीं, अधर्मी है। यदि वह सुस्त है और आलसी जीवन बिताने में तनिक भी संकोच नहीं करता, तो वह पापी है, क्योंकि उस पर और सैकड़ों निर्भर हैं। यदि वह धनोपार्जन करेगा तो उससे वे सैकड़ों पलेंगे।

यदि नगर में सैकड़ों नागरिकों ने सम्पत्तिशाली बनने की चेष्टा न की होती, तो यह सभ्यता, ये इमारतें, ये ख़ैरात के बड़े-बड़े घर कहाँ होते ?

ऐसी स्थितियों में धनोपार्जन बुरा नहीं, क्योंकि धन बाँटने के लिए इकट्ठा किया जाता है। सामाजिक जीवन का गृहस्थ केंद्र है। धन का श्रेष्ठ उपार्जन और व्यय उसकी पूजा और उपासना है, अच्छे कामों के लिए और अच्छे तरीकों से धन कमाकर गृहस्थ मोक्ष के लिए प्रायः वही करता है जो अपनी निर्जन कुटी में बैठा उपासनापर संन्यासी करता है। ईश्वर और उसकी बनाई वस्तुओं के प्रति श्रद्धा से उत्पन्न निःस्वार्थ आत्मत्याग के आदर्श के ही वे दोनों दो भिन्न रूप प्रकट करते हैं।

"सभी तरह से उसे सुन्दर कीर्ति कमाने की चेष्टा करनी चाहिये; और निम्न बातें उसे तजनी चाहिए—उसे जुआ न खेलना चाहिये, लुच्चों के साथ घूमना न चाहिये, झूठ न बोलना चाहिये और दूसरों के दुख का कारण न बनना चाहिये।"

बहुधा लोग ऐसे काम मुड़िया लेते हैं जो उनके वश के बाहर होते हैं। परिणाम यह होता है कि अपनी लक्ष्य-सिद्धि के लिए वे दूसरों को धोखा देते हैं। फिर सभी बातों में समय का भी ध्यान होता है; एक समय जहाँ विफलता मिली है, सम्भव है, दूसरे समय वहीं सफलता मिले।

"गृहस्थ को सत्य और नम्रता के साथ बोलना चाहिये; वह ऐसे शब्दों का प्रयोग करे जो औरों को रुचें, जिनसे उनका भला हो । न उसे दूसरों के विषय में बातें करनी चाहिए, न अपने धन की बड़ाई मारनी चाहिये।

"गृहस्थ पौसरे और ताल खुदवाकर, मार्ग के दोनों ओर वृक्ष लगवाकर, पशु और

मनुष्य के लिए दानशालाएं बनवाकर उसी लक्ष्य की ओर चलता है जिस ओर बड़े-से-बड़ा योगी चलता है।''

कर्म-योग सिद्धांत का यह एक भाग है—गृहस्थ के कर्तव्य। आगे कहा गया है कि ''यदि गृहस्थ अपने देश अथवा धर्म के लिए समर-भूमि में प्राण देता है, तो उसी लक्ष्य पर पहुँचता है जहाँ योगी ध्यान से पहुँचता है।'' इससे तात्पर्य यह कि एक का धर्म दूसरे का धर्म नहीं। साथ ही यह भी नहीं कहा गया कि यह धर्म ओछा है और दूसरा बड़ा। अपने स्थान में प्रत्येक धर्म श्रेयस्कर है; अपनी परिस्थितियों के अनुसार हमें अपने धर्म का पालन करना चाहिये।

इस सबके भीतर से एक विचार स्पष्ट निकलता है, सभी प्रकार की निर्बलता वर्ज्य है। हमारे शास्त्रों में, कर्म, धर्म अथवा दर्शन में, इस एक विचार का, जो मुझे प्रिय है, विशेष प्रतिपादन है। वेदों में निर्भय शब्द को आप बार-बार पायेंगे—किसी से भी भय न करो। भय निर्बलता का चिह्न है। संसार की निन्दा-असूया की ओर बिना दृक्पात किये मनुष्य को अपना कर्तव्य करना चाहिये।

यदि संसार छोड़कर मनुष्य उसके बाहर ईश्वरोपासन करने जाए, तो उसे यह न सोचना चाहिये कि पीछे जो संसार में रहकर दूसरों की भलाई के लिए कार्य कर रहे हैं, ईश्वर की उपासना नहीं करते। न जो संसार में स्त्री-बच्चों के लिए जीवन व्यतीत करते हैं, उन सबको जो संसार छोड़ते हैं लफंगा समझना चाहिये। अपनी-अपनी जगह सब बड़े हैं। इसका मैं एक उदाहरण देता हूँ।

एक राजा सभी साधु-संन्यासियों से, जो उसके देश आते, पूछता—''इन दो में से कौन बड़ा है, वह जो संसार छोड़कर संन्यासी हो जाता है अथवा वह जो संसार में रहते हुए गृहस्थ-धर्म का पालन करता है ?'' बहुत-से बुद्धिमानों ने इस प्रश्न का उत्तर लगाना चाहा। कुछ ने कहा कि संन्यासी बड़ा है किन्तु जब राजा के पूछने पर वह उसे सिद्ध न कर सके तो उसने उन्हें विवाह कर गृहस्थ हो जाने की आज्ञा दी। और लोग आये; उन्होंने कहा—''गृहस्थ जो अपने धर्म का पालन करता है, बड़ा है।'' उनसे भी राजा ने प्रमाण माँगा और वे जब न दे सके, तो उसने उन्हें गृहस्थ बनकर रहने की आज्ञा दी।

अन्त में वहां एक युवा संन्यासी आया; राजा ने उससे भी पूछा। उसने उत्तर दिया—''राजा , अपने-अपने स्थान में दोनों समान बड़े हैं।'' राजा ने कहा—''इसको सिद्ध करो।' संन्यासी ने कहा—''मैं सिद्ध कर दूँगा परन्तु तुम्हें कुछ दिन जैसे मैं कहूँ रहना होगा, जिससे जो मैं कहता हूँ उसे आपको सिद्ध कर दिखा सकूँ।'' राजा राजी हो गया; संन्यासी के पीछे अपना देश छोड़ और भी कई राज्यों की सीमाएं पार करता गया। अन्त में वह एक राज्य में पहुँचा जिसकी राजधानी में एक महोत्सव हो रहा था। राजा और संन्यासी ने तुरही-नक्कारों आदि का शब्द तथा चारणों को पुकारते भी सुना। लोग सजधज के साथ पौरमार्गों में घूम रहे थे और वहाँ के राजा की एक

घोषणा सुनाई जा रही थी। तमाशा देखने के लिए संन्यासी और राजा भी खड़े हो गये। चारण कह रहा था कि "राजकुमारी स्वयंवर में आज अपना पति वरण करेंगी।"

भारतवर्ष में राजकुमारी की यह पति-वरण की एक पुरानी प्रथा थी। स्वभावतः उनमें से प्रत्येक के अपने भावी पति के विषय में कुछ विशिष्ट विचार होते थे; कोई चाहती थी कि वह सबसे सुन्दर हो, कोई कि वह सबसे विद्वान् हो, कोई कि वह सबसे सम्पत्तिवान् हो। राजकुमारी एक सिंहासन पर अत्यंत सज-धज के साथ ले जाई जा रही थी और चारण कहते जाते थे कि अमुक राजकुमारी अपना पति वरण करेंगी। पड़ोस के सभी राजकुमार अपनी सुन्दर-से-सुन्दर पोशाकें पहनकर वहाँ आये थे। कभी-कभी उनके चारण भी उनके गुणों का वर्णन करते जिससे राजकुमारी उन्हें पसन्द करे। चारों ओर देखती-सुनती जब उसे वे देख-सुनकर पसन्द न आते, तो वह अपने वाहकों को आगे बढ़ने के लिए कहती और तिरस्कृत प्रेमियों का फिर कोई ध्यान न रखा जाता। यदि उनमें उसे कोई पसन्द आ जाता, तो वह उसके गले में जयमाला डालकर उसे वरण करती।

जिस राज्य में वे दोनों राजा और संन्यासी आये थे, वहाँ एक ऐसा ही स्वयंवर हो रहा था। संसार की वह सबसे सुन्दर राजकुमारी थी, और उसका पति राजा के देहांत होने पर राज्य का स्वामी होता। राजकुमारी की इच्छा थी कि वह सबसे सुन्दर पुरुष को वरण करे, किन्तु बहुत समय से उसे मनोनुकूल कोई ऐसा सुन्दर पुरुष मिला ही न था। वह स्वयंवर सबसे विशद था; इसमें सबसे अधिक पुरुष एकत्र हुए थे। बड़े ही राजसी ठाठ का दृश्य था। सिंहासन पर चढ़ी राजकुमारी आई और वाहक उसे एक स्थल से दूसरे स्थल ले गये। उसे जैसे किसी की ओर झुकाव ही न होता; सब लोग सोचने लगे, यह स्वयंवर भी वृथा होगा। वैसे ही वहाँ एक संन्यासी युवा आता है, इतना सुन्दर मानो भगवान भास्कर ही पृथ्वी पर उतर आये हों। सभा के एक कोने में तमाशा देखने के लिए वह भी खड़ा हो जाता है। सिंहासनासीन राजकुमारी उसके पास आती है, सुन्दर संन्यासी को देखते ही मुग्ध हो वह खड़ी हो उसके गले में जयमाला डाल देती है। युवा संन्यासी जयमाला लेकर फेंक देता है और कहता है—"यह कैसी व्यर्थ की बात है ? मैं संन्यासी हूँ। मेरे लिये विवाह क्या ?" वहाँ का राजा सोचता है, शायद यह पुरुष निर्धन है, इसलिये राजकुमारी से विवाह करने का साहस नहीं रखता। वह संन्यासी से कहता है—"राजकुमारी के साथ मैं तुम्हें आधा राज्य दूँगा; और मेरे बाद तुम पूरे के अधिकारी होगे।" जयमाला फिर उसके गले में डाल दी जाती है। संन्यासी उसे एक बार और निकाल देता है—"यह सब व्यर्थ है। मैं विवाह नहीं करना चाहता"—कहकर वह सभा से निकलकर बाहर चला जाता है।

अब राजकुमारी उस संन्यासी पर इतना आसक्त हो गई थी कि उसने कहा कि

''मैं विवाह करूंगी तो इसी के साथ, नहीं तो प्राण तज दूँगी।'' उसे लौटाने के लिए वह उसके पीछे चली। हमारे राजा से तब संन्यासी ने, जो उसे वहाँ तक लाया था, कहा—''आओ, इनके पीछे चलें।'' वे उनके पीछे चले किन्तु काफी फासले पर। युवा संन्यासी जिसने राजकुमारी से विवाह करना अस्वीकार कर दिया था, बहुत दूर तक चलता रहा; अन्त में एक वन के पास पहुँच उसी में उसने प्रवेश किया। राजकुमारी ने यहाँ भी उसका अनुसरण किया, उसके पीछे वे दोनों भी चले। उस युवा-संन्यासी को वन का पूर्ण परिचय था; उसकी वीथियों-मार्गों को वह भली भाँति पहचानता था। सहसा इन्हीं में से एक में पड़कर वह अदृश्य हो गया और राजकुमारी उसे न पा सकी। बड़ी देर तक उसे ढूँढ़ने का विफल प्रयत्न कर वह एक वृक्ष के नीचे बैठकर रोने लगी क्योंकि उसे बाहर जाने का रास्ता न मालूम था। तब ये राजा और संन्यासी उसके पास जाकर बोले—''रोओ नहीं; वन के बाहर जाने का रास्ता हम तुम्हें बता सकते हैं, परन्तु इस समय बहुत अँधेरा हो गया है। इधर एक बड़ा पेड़ है; आओ, उसके नीचे रात बितायें। भोर होते हम लोग तुम्हें बाहर निकाल आयेंगे।''

उस वृक्ष पर एक चिड़कुला, उसकी चिड़िया और उसके तीन बच्चे घोंसले में रहते थे। चिड़कुले ने वृक्ष के नीचे तीन मनुष्यों को देख चिड़िया से कहा—''प्रिये, अब क्या करना चाहिये ? घर में कुछ मेहमान आये हैं; जाड़े के दिन हैं और कुछ ईंधन भी नहीं है।'' बस वह उड़ा और अपनी चोंच में चकमक पत्थर उठा लाया और नीचे डाल दिया। उन लोगों ने लकड़ी इकट्ठा कर तपता जलाया। परन्तु इतने से ही चिड़कुले को संतोष न हुआ। उसने चिड़िया से कहा—''प्रिये, अब क्या करना चाहिये? ये लोग भूखे हैं; हम लोग गृहस्थ हैं किन्तु घर में अन्न का दाना नहीं। अतिथि-सेवा हमारा परम धर्म है। हमसे जो हो सके, करना ही चाहिये। मैं अपना शरीर दे दूँगा।'' वह जलती आग में कूद पड़ा और जल-भुन गया। मेहमानों ने उसे गिरते देखा और बचाने की चेष्टा भी की किन्तु उसने बड़ी फूर्ती की और शीघ्र ही सब समाप्त हो गया।

चिड़िया ने चिड़कुले का कृत्य देखा और कहा—''यहाँ तीन भूखे मेहमान हैं, किन्तु भोजन के लिए उनके बीच एक पखेरू है। इतना काफी नहीं; स्त्री के नाते मेरा धर्म है कि पति की चेष्टा व्यर्थ न जाने दूँ।'' वह भी जलती आग में कूद पड़ी और जल-भुन गई।

जब तीनों बच्चों ने अपने माँ-बाप को इस तरह कूदते देखा किन्तु भोजन फिर भी पूरा न दिखाई दिया, तो उन्होंने कहा—''हमारे माता-पिता से जो कुछ हो सकता था, उन्होंने किया; किन्तु उससे भी पूरा न पड़ेगा। हमारा धर्म है कि उनके काम को हम समाप्त करें। हमारे शरीर भी जाएं।'' ऐसा सोचकर वे तीनों भी आग में कूद पड़े।

वे तीनों व्यक्ति यह सब देखकर दंग रह गये और उन्हें खा न सके। किसी भाँति

वृक्ष के नीचे उन्होंने रात पार की; सवेरा होते ही संन्यासी ने राजकुमारी को रास्ता दिखा दिया और वह अपने पिता के पास चली गई।

तब संन्यासी ने कहा—"ऐ राजा, तुमने देखा कि अपनी-अपनी जगह पर सब बड़े हैं। यदि तुम संसार में रहते हो, तो इन पक्षियों की भाँति रहो, परस्वार्थ के लिए किसी भी समय अपना शरीर तक दे सको। यदि संसार से अलग रहना चाहते हो, तो उस संन्यासी की भाँति रहो जिसके लिए एक सुन्दर राजकुमारी और एक साम्राज्य भी तिनके के बराबर थे। यदि गृहस्थ हो, तो दूसरों के लिए जियो; यदि संन्यासी हो तो सौन्दर्य, शक्ति, सम्पत्ति की ओर आँख उठाकर भी न देखो। मानव-मात्र महान् है, परन्तु एक का धर्म दूसरे का धर्म नहीं।"

तीसरा अध्याय

कर्म का रहस्य—निःस्वार्थ परोपकार

दूसरों की दैहिक असुविधाओं को दूर कर उनकी सहायता करना बड़ा काम है; परन्तु आवश्यकता के अनुसार की गई सहायता अथवा जैसी उसकी क्षमता होती है, बड़ी छोटी होती है। यदि किसी की असुविधाएं एक घड़ी के लिए दूर कर दी जाएं तो वह उपकार अवश्य है, यदि वे वर्ष भर के लिए दूर कर दी जाएं तो वह उपकार और भी बड़ा होगा। यदि वे सदा के लिए दूर की जा सकें तो वह उसका सबसे बड़ा उपकार होगा। केवल आध्यात्मिक ज्ञान हमारे दुखों को सदा के लिए दूर कर सकता है। अन्य सभी ज्ञान हमारी आवश्यकताओं की अल्पकालिक पूर्तिमात्र कर सकते हैं। यदि मनुष्य का चरित्र बदल जाये, तो उसके दुखों का सदा के लिए अन्त हो जाए। अध्यात्म-ज्ञान से ही कामना-प्रवृत्ति नष्ट हो सकती है । इसलिये मनुष्य का आध्यात्मिक उपकार ही उसका सबसे बड़ा उपकार है। जो मनुष्य को अध्यात्म-ज्ञान देता है वह उसका सबसे बड़ा उपकारी है। इसीलिए हम देखते हैं कि सबसे शक्तिशाली वे ही व्यक्ति हैं जो मनुष्य की आध्यात्मिक आवश्यकताओं की पूर्ति कर सके हैं। वास्तव में अध्यात्म-ज्ञान ही जीवन के तमाम कर्मो की नींव है। अध्यात्म-शक्ति वाला पुरुष चाहे तो वह किसी प्रकार की शक्ति अर्जित कर सकता है। जब तक मनुष्य में अध्यात्म-शक्ति न होगी तब तक दैहिक आवश्यकताओं की भली भाँति पूर्ति नहीं हो सकती। आध्यात्मिक उपकार के बाद मानसिक उपकार का नम्बर आता है। ज्ञान-दान वस्त्र किंवा भोजन-दान से बढ़कर है। मनुष्य को जीवन-दान देने से भी श्रेष्ठ है, क्योंकि मनुष्य के वास्तविक जीवन का अर्थ है, सद्ज्ञानार्जन। अज्ञान मृत्यु है, ज्ञान जीवन। दुख और अज्ञान में पथभ्रष्ट जीवन का कोई मूल्य नहीं। इसके बाद कहीं दैहिक उपकार का नम्बर आता है। इसलिये परोपकार पर विचार करते समय इस बात का ध्यान रखना चाहिये कि किसी मनुष्य का हम दैहिक उपकार मात्र नहीं कर सकते। दैहिक उपकार अन्तिम और लघुतम महत्ता का उपकार है, क्योंकि उससे आवश्यकताओं की कोई चिरंतन पूर्ति नहीं होती। भूख लगने पर जो क्लेश होता है, वह भोजन के पश्चात् नहीं होता; किन्तु भूख फिर लगती है। दुखों का तभी अन्त हो

सकता है जव ऐसा संतोष हो कि फिर किसी बात की आवश्यकता पड़े ही नहीं। तब भूख से हमें क्लेश न होगा। कोई दुख, कोई बाधा, कोई वेदना हमें न हिला सकेगी। जिस उपकार से हमें अध्यात्म-शक्ति मिलती है, निश्चय ही वह महत्तम उपकार है; उसके पश्चात् मानसिक और दैहिक उपकार आते हैं।

केवल दैहिक उपकार से संसार के दुखों का अन्त नहीं हो सकता। जब तक मनुष्य का चरित्र न बदलेगा, दैहिक आवश्यकताओं का कहीं अन्त न होगा। दुख बढ़ता रहेगा और कितने भी दैहिक उपकार से उसकी शांति न होगी। इस बुराई के अन्त करने का एक ही ढंग है, यह कि संसार पवित्र बनाया जाए। अज्ञान ही तमाम बुराई और दुखों को, जिन्हें हम देखते हैं, जनता है। मनुष्य को प्रकाश मिले, वह अध्यात्म-वीर हों ! यदि हम ऐसा कर सकें, यदि सारी मनुष्य जाति को पवित्र, शिक्षित और अध्यात्म-शक्ति-सम्पन्न बना सकें, तो समस्त दुखों का अन्त हो सकता है, उसके पूर्व नहीं । देश के प्रत्येक गृह को हम चाहे दानशाला बना दें, उसे औषधालयों से भर दें, किन्तु जब तक मनुष्य के चरित्र में परिवर्तन न होगा, तब तक उसके दुखों का अन्त न होगा।

भगवद्‌गीता में हम बार-बार पढ़ते हैं कि हमें अविराम कर्म करना चाहिये और सभी कर्म स्वभावतः पाप और पुण्य का मिश्रण हैं। हम ऐसा कोई काम नहीं करते जिसके किसी अंश में अच्छाई न हो। ऐसा भी कोई काम नहीं जिसमें कहीं-न-कहीं किसी को हानि पहुँचाने की सम्भावना छिपी न हो। जो भी काम किया जाता है, उसमें अच्छाई बुराई होती है। फिर भी हमें अविराम काम करने के लिए कहा गया है। पाप-पुण्य दोनों का फल मिलेगा, दोनों का कर्म उत्पन्न होगा। पुण्य का फल शुभ होगा, पाप का अशुभ। शुभ और अशुभ दोनों ही आत्मा के बंधन हैं। गीता ने कर्म की इस बंधन-जनन प्रकृति के सम्बन्ध में यह निश्चय किया है कि यदि हम अपने कृत कर्मों में आसक्त न हों तो उसका कोई बंधनात्मक प्रभाव आत्मा पर न पड़ेगा। हम इस अनासक्ति-योग का अर्थ समझने की चेष्टा करेंगे।

गीता के यह प्रधान उपदेश है; अनवरत कर्म करना किन्तु कर्म अथवा उसके फल में आसक्ति न रखना। संस्कारों का बहुत कुछ हमारी नैसर्गिक प्रवृत्तियों से अर्थ लिया जा सकता है। चित्त की एक सरोवर से तुलना करने पर, उसमें जो प्रत्येक छोटी लहर उठती है, पूर्ण रूप से मिट नहीं जाती वरन् अपना एक चिह्न छोड़ जाती है। और उस लहर के फिर उठने की संभावना रह जाती है। यह चिन्ह, वह जैसा भी हो और लहर के फिर उठने की सम्भावना ही संस्कार है। हमारी प्रत्येक क्रिया, शरीर की प्रत्येक हलचल, हमारे मन का प्रत्येक विचार चित्त पर ऐसा चिह्न छोड़ जाता है। जब ऐसे चिह्न सतह पर पूरे दिखाई नहीं देते, तब भी वे अज्ञात रूप से नीचे क्रियाशील रहते हैं। उनमें इतनी शक्ति होती है, प्रतिक्षण हम जो कुछ भी हैं, वह हम अपने पूर्व संस्कारों के कारण। इस क्षण मैं जो कुछ भी हूँ, वह मैं अपने पूर्व जीवन के संचित

संस्कारों का परिणाम हूँ। चरित्र का यही अर्थ है। प्रत्येक मनुष्य का चरित्र पूर्व जन्म के संस्कारों और विचारों से निर्मित होता है। यदि अच्छे संस्कार अधिक होते हैं तो अच्छा चरित्र बनता है, यदि बुरे होते हैं तो बुरा बनता है। यदि मनुष्य बुरे शब्द सुनता है, बुरी बातें सोचता है, बुरे काम करता है, तो उसका चित्त बुरे संस्कारों से भर जायेगा। अज्ञात रूप से उसके कर्म और विचारों पर उनका प्रभाव रहेगा। वास्तव में ये बुरे संस्कार सारे समय क्रियाशील रहते हैं और उनका स्पष्ट परिणाम यहाँ अवश्य ही बुरा होगा। वह पुरुष बुरा होगा; और कुछ होना उसके लिए संभव नहीं। संस्कारों की भीड़ उसके भीतर बुरे काम करने के लिए एक महती इच्छा शक्ति उत्पन्न करती है। अपने संस्कारों के हाथों वह यंत्र तुल्य होगा और उनके इंगित पर उसे चलना पड़ेगा। इसी भाँति यदि कोई अच्छी बातें सोचता है और अच्छे काम करता है तो संस्कार उसके भीतर अच्छे काम करने की एक अनिवार्य प्रवृत्ति हो जाती है, तब यदि वह कुछ बुरा करना भी चाहे तो उसके अच्छे संस्कार उसे वैसा करने न देंगे। वे उसे बुराई की ओर से लौटा लाएंगे; अच्छे संस्कारों के प्रभाव से वह न बच सकेगा। जब ऐसा होने लगता है, तो कहा जाता है कि मनुष्य का चरित्र बन गया।

जिस तरह कछुआ अपने पैर और सिर भीतर कर लेता है, और फिर उसे चाहे मार ही डालो पर वह बाहर नहीं निकालता, ऐसा ही उस मनुष्य का चरित्र होता है जो इन्द्रियों पर अखंड विजय पा लेता है। अपनी प्रवृत्तियों को वह अपने भीतर समेट लेता है और फिर कैसे भी प्रहार उन्हें बाहर नहीं निकाल सकते। शुभ विचारों के निरंतर प्रवेश से चित्त पर शुभ संस्कारों के चलने से शुभ कर्म करने की प्रवृत्ति हममें प्रबल हो जाती है और उसके फलस्वरूप हम अपनी इन्द्रियों को अपने वश में कर लेते हैं। इसी भाँति चरित्र-निर्माण हो सकेगा; तभी आप सत्य पा सकेंगे; ऐसे ही मनुष्य अभय और अजेय हो सकते हैं। उन्हें आप किसी भी संगति में कहीं भी बिठा दीजिए, उनके लिए कोई भय नहीं। इस शुभ-कर्म-प्रवृत्ति से भी बढ़कर मनुष्य की एक उच्चतर दशा है—मुक्ति की इच्छा। हमारे भारतीय योगों का ध्येय आत्मा की मुक्ति ही है; और प्रत्येक एक ही फल समान रूप से दे सकता है। जहाँ बुद्ध ध्यान से अथवा ईसा प्रार्थना से पहुँचे थे, मनुष्य कर्म से पहुँच सकता है। बुद्ध एक कर्मठ ज्ञानी थे, ईसा भक्त; और वे दोनों एक ही लक्ष्य को पहुँचे थे। कठिनता यहीं पर है। मुक्ति का अर्थ है, पूर्ण स्वतंत्रता—शुभ और अशुभ दोनों के ही बंधनों से छुटकारा। सोने की जंजीर लोहे की जंजीर की भाँति जंजीर ही है। मेरी अँगुली में एक काँटा लगा, दूसरा काँटा ले मैं उसे निकाल देता हूँ। बाद में दोनों को ही मैं फेंक देता हूँ। दूसरा काँटा मैं अपने पास नहीं रख लेता क्योंकि आखिर दोनों काँटे ही तो हैं। इसलिये अशुभ संस्कारों का प्रभाव शुभ संस्कारों से नष्ट करना चाहिये, अशुभ प्रवृत्तियों का शुभ प्रवृतियों से, यहाँ तक कि जो कुछ भी अशुभ है या तो प्रायः नष्ट हो जाये अथवा वश में रखा जाये। परंतु उसके पश्चात् शुभ प्रवृत्तियों, संस्कारों पर भी विजय पानी

होती है। इस भाँति ही आसक्त अनासक्त हो सकता है। कर्म कीजिये परंतु कर्म अथवा विचार का मन पर गहरा प्रभाव न पड़ने दीजिये। लहरों को उठने गिरने दीजिये; मन और शरीर से बड़े-बड़े काम कीजिये किंतु आत्मा पर उनकी छाया टिकने न दीजिये। यह कैसे संभव है ? हम यह सरलता से देख सकते हैं कि किसी कर्म का, जिससे हमें आसक्ति होती है, प्रभाव हमारे चित्त पर दीर्घकाल तक रहता है।

दिन में मैं सौ व्यक्तियों से मिलूँ और उनमें से एक ऐसा भी हो जिसे मैं प्यार करता होऊँ। रात्रि में मैं उन सबका स्मरण करूँ तो उसी का चित्र सबके सामने आवेगा जिसे मैं प्यार करता था, यद्यपि जिसे कदाचित् मैंने एक क्षण के लिए ही देखा था। और सब लुप्त हो जाते हैं। उस व्यक्ति में मेरी आसक्ति के कारण उसके द्वारा औरों की बपेक्षा मेरे चित्त पर गहरा प्रभाव पड़ा। दैहिक क्रियाओं में समानता रही है; प्रत्येक का प्रतिबिम्ब आँख के तिल पर पड़ा और मानसिक केन्द्र से उसकी पहचान हुई, परंतु उनके प्रभाव में समानता नहीं। प्रत्युत उस व्यक्ति का, जिसकी शायद मैंने झलक भर देखी थी, मन पर गहरा प्रभाव पड़ा, इसलिये कि उसके विपरीत अन्य आकृतियों को मेरे मन में अनुरूप संस्कार न मिले। उनमें से अधिकांश कदाचित् मेरे लिए नयी आकृतियाँ थी; किंतु उसकी आकृति ने, जिसे मैंने पल भर देखा, मेरे मन में अनुकूल संस्कार पा लिये। शायद अपने मन में वर्षों से उसका चित्र खींच रखा था, उसके बारे में सैकड़ों बातें जानता था, और उसकी इस नई आकृति ने मेरे मन में सैकड़ों अनुकूल बातें पा लीं और वे सब संस्कार जाग उठे। उन सौ व्यक्तियों की अपेक्षा उसकी मेरी दृष्टि पर कहीं अधिक छाप पड़ी और फलतः उसका मन पर गहरा प्रभाव पड़ना ही चाहिये।

इसलिये आसक्ति छोड़ो। कर्म-चक्र चलने दो; मानसिक केंद्र अपना कार्य करते रहें। तुम स्वयं अनवरत काम करो किंतु एक भी लहर को अपने मन पर अधिकार न करने दो। इस तरह काम करो जैसे तुम यहाँ एक पथिक, एक अपरिचित आगंतुक मात्र हो। अविरत काम करो किंतु सांसारिक वस्तुओं से नाता न जोड़ो। दासता भयानक है। यह संसार हमारा घर नहीं; जिन अनेक मंजिलों में से होकर हमें जाना है, उन्हीं में से यह एक है। सांख्य के उस महावाक्य का स्मरण रखो–''समस्त प्रकृति आत्मा के लिए है, आत्मा प्रकृति के लिए नहीं।'' प्रकृति का अस्तित्व आत्मा की शिक्षा के लिए ही है। अन्य उसका अर्थ नहीं। वह इसलिये है कि आत्मा को अपना ज्ञान हो और ज्ञान द्वारा वह मुक्त हो। यदि हम यह बात याद रखें तो हम प्रकृति में कभी आसक्त हों। हम यह जानें कि प्रकृति एक पुस्तक के समान है, जिसमें हमें एक पाठ याद करना है; जब वह पाठ हमें याद हो जाएगा तो उसकी आवश्यकता न रहेगी। परन्तु ऐसा समझने के बदले हम प्रकृति से अपना एकत्व मान बैठते हैं। हम सोचते हैं, आत्मा प्रकृति के लिए है, शरीर के लिए है, अथवा जैसी कहावत है, हम सोचते हैं कि ''हम खाने के लिए जीते हैं,'' न कि ''जीने के लिए खाते हैं''। यह

भूल हम सदा किया करते हैं। प्रकृति में आत्मबोध कर हम उसमें आसक्त हो जाते हैं। इस आसक्ति के होते ही आत्मा के बंधन जकड़ जाते हैं; हम स्वतंत्रता के लिए नहीं गुलामी के लिए काम में लग जाते हैं।

इस शिक्षा का तत्व यह है कि तुम स्वामी की भाँति कार्य करो, दास की भाँति नहीं। अविराम काम करो, किन्तु दास होकर नहीं । आप देखते नहीं, किस प्रकार प्रत्येक मनुष्य काम करता है। कोई भी एकदम अकर्मण्य नहीं रह सकता। 99 फीसदी लोग दासों की भाँति काम करते हैं और परिणाम होता है, दुख, दैन्य, हाहाकार। यह सब स्वार्थी काम हैं। स्वतंत्रता के लिए कार्य कीजिये, प्रेम के लिए। प्रेम शब्द का अर्थ समझना अत्यंत कठिन है; प्रेम स्वतंत्रता से आता है। दास में सच्चा प्रेम असंभव है। दास को खरीदकर उसे जंजीरों में बाँध आप उससे काम करवा सकते हैं, परन्तु उसके हृदय में आपके प्रति तनिक भी प्रेम न होगा। वह दास की ही भाँति काम करेगा। इसी भाँति सांसारिक पदार्थों के लिए जब हम दासों की भाँति कार्य करते हैं, तब हमारे भीतर प्रेम हो नहीं सकता, न हमारा काम ही सच्चा काम हो सकता है। ऐसा ही हमारा अपने बंधु-बांधवों के प्रति काम है, और उससे भी अधिक स्वयं अपने प्रति। स्वार्थी काम दास का काम है। किसी काम को जाँचने के लिए कि वह स्वार्थपूर्ण है अथवा स्वार्थरहित, निम्न कसौटी है। प्रत्येक निःस्वार्थ कार्य से आनन्द उत्पन्न होता है; प्रेम का एक ऐसा सच्चा कार्य नहीं हो सकता, जिसका परिणाम शांति और आनन्द न हो। सच्चा प्रेम, सच्चा ज्ञान, सच्चा जीवन अन्योन्यापेक्षित हैं, और वास्तव में वे एक ही के तीन भाग हैं। जहाँ एक होगा, अन्य दो भी होंगे; अद्वितीय एक के वे तीन अंश हैं, सत्, चित्, आनन्द। जब वह सत्ता अनन्त से सांत में आती है, हम उसे संसार के रूप में देखते हैं; वह ज्ञान सांसारिक वस्तुओं के ज्ञान में परिणत हो जाता है; और वह आनन्द ही उस तमाम सच्चे प्रेम का आधार है जिसे कभी मनुष्य का हृदय जान पाता है। मान लीजिये, किसी पुरुष का किसी स्त्री पर प्रेम है; वह चाहता है कि वह उसी की होकर रहे। उसके उससे दूर रहने पर उसे ईर्ष्या होती है; वह चाहता है कि वह उसी के समीप उठे-बैठे, उसी के संकेत पर खाये-पिये, हिले-डुले। वह उसका दास है और चाहता है कि वह भी उसकी दासी होकर रहे। यह प्रेम नहीं। दास के हृदय की यह एक दुर्बल आसक्ति है जिसे वह प्रेम कहकर मानता है। यह प्रेम नहीं हो सकता क्योंकि इसमें पीड़ा है; जो कुछ वह कहता है, यदि वह नहीं करती तो उसे दुःख होता है। प्रेम में कोई दुखद प्रतिक्रिया नहीं होती; उससे केवल आनन्द उत्पन्न होता है। यदि आनन्द नहीं, तो वह प्रेम नहीं; मनुष्य को किसी अन्य वस्तु में प्रेम का भ्रम होता है। जब आप अपनी पत्नी, पुत्र, बंधु-बांधव, परिवार, संसार, समस्त ब्रह्माण्ड को इस प्रकार प्यार करने लगे हैं कि उससे कोई ईर्ष्यालु, स्वार्थी एवं दुःखद प्रतिक्रिया नहीं होती, तब आप अनासक्त होने योग्य दशा को पहुँचे हैं।

कृष्ण कहते हैं–"अर्जुन, मेरी ओर देखो ! यदि पल के लिए मैं कर्म करना बंद कर दूँ, तो यह ब्रह्माण्ड विच्छिन्न हो जाए। फिर भी ब्रह्माण्ड से मुझे कुछ मिलने को नहीं। मैं एक मात्र स्वामी हूँ; कर्म से मुझे कोई लाभ नहीं। परंतु मैं कर्म क्यों करता हूँ ? इसलिये कि मैं संसार को प्यार करता हूँ।" ईश्वर अनासक्त है, इसलिये कि वह प्यार करता है; उस प्रकार का सच्चा प्यार हमें अनासक्त बनाता है। जहाँ केवल सांसारिक आसक्ति, सांसारिक वस्तुओं के प्रति भयानक आकर्षण है, वहाँ समझ लेना चाहिए कि वह सब दैहिक है, एक प्रकार का विभिन्न परमाणु-विभागों के बीच पारस्परिक आकर्षण-प्रत्याकर्षण, जो कि नितान्त स्थूल है, उन्हें आपस में मिलने के लिए आकुल करता है; यदि वे काफी एक दूसरे के नजदीक नहीं आ पाते तो उन्हें पीड़ा होती है। परंतु जहाँ सच्चा प्रेम होता है, वहाँ दैहिक मिलन की अपेक्षा नहीं रहती। प्रेमी एक दूसरे से सहस्रों कोसों की दूरी पर हों परंतु उनका प्रेम वैसा ही होगा। वह अमर है; उससे कोई भी दुख देने वाली प्रतिक्रिया न होगी।

यह अनासक्ति पाना प्रायः एक जीवन का कार्य है; परंतु इस सीमा तक आते ही प्रेम के लक्ष्य तक हम पहुँच जाते हैं और स्वतंत्र हो जाते हैं। प्रकृति बंधन टूट जाते हैं और प्रकृति को हम उसके वास्तविक रूप में देख लेते हैं। प्रकृति हमारे लिये और जंजीरें नहीं गढ़ सकती। हम स्वतंत्र हो कर्मों के परिणामों से परे हो जाते हैं। कर्म-फल की उस समय किसे चिंता हो सकती है ? प्रेम और स्वतंत्रता के लिए कार्य करने वाले पुरुष को फल की चिंता करने की आवश्यकता नहीं; वह स्वयं निःस्वार्थ है, अतः कर्म के किसी फल से उसे दुख नहीं हो सकता।

अपने बच्चों को कोई कुछ देकर उनसे बदले में क्या माँगता है ? मनुष्य का कर्तव्य है कि उनका भरण-पोषण करे, और वहीं उस बात का अंत हो जाता है। जो कुछ भी तुम किसी व्यक्ति-विशेष, जाति अथवा देश के लिए करना चाहते हो, अवश्य करो किंतु उनके प्रति अपनी वैसी ही धारणा रखो, जैसी तुम्हारी तुम्हारे बच्चों के प्रति है; बदले में कुछ न चाहो। यदि तुम निरंतर दानी के आसन पर बैठ सकते हो, जहाँ से तुम्हारी प्रत्येक वस्तु संसार के लिए स्वतंत्र भेंट है, बिना किसी प्रत्युपकार के विचार के, तब तुम्हारा कर्म आसक्ति द्वारा तुम्हें न बाँध सकेगा। आसक्ति वहीं होती है जहाँ कृत कर्म के लिए हम बदले में कुछ चाहते हैं।

यदि दास की भाँति कर्म करने से कर्मफल में आसक्ति और स्वार्थ-वांछा होती है, तो अपने मन के बादशाह होकर काम करने से अनासक्ति का आनन्द मिलता है। हम लोग बहुधा न्याय और सत्य के विषय में बातचीत करते हैं परंतु संसार में इनका महत्त्व ऐसा है, जैसा बच्चों की बातों का। मनुष्य को कर्म करने के लिए दो बातें वस्तुतः प्रेरित करती हैं; वे दया और शक्ति हैं। शक्ति का व्यवहार अवश्य ही स्वार्थ का व्यवहार है। सभी स्त्री-पुरुष जो भी शक्ति अथवा बड़प्पन उनके पास है, उसे और भी बड़ा कर दिखाने की चेष्टा करते हैं। दया तो स्वर्ग ही है, अच्छे होने के लिए हम

सबको दयालु होना पड़ेगा। न्याय, शक्ति और सत्य तक दया पर निर्भर रह सकते हैं। कर्मफल की प्रत्याशा हमारी आध्यात्मिक उन्नति में बाधक होती है। अन्त में उससे दुख भी मिलता है। उसी कर्म का फल बन्धन नहीं हो सकता जो प्रकृति एवं मनुष्य जाति के प्रति निःस्वार्थ होकर किया जाता है। इस दया और त्याग के विचार को कार्य-रूप में परिणत करने का एक और ढंग है, कर्म को उपासना समझकर, यदि हम एक व्यक्तिगत ईश्वर में विश्वास करते हों। यहाँ हम अपने कर्मों के फल अपने उपास्यदेव को अर्पण करते हैं; उसकी उपासना करते हुए मनुष्य के लिए किये कर्मों का प्रतिफल माँगने का हमें अधिकार नहीं। ईश्वर स्वयं अविरत कर्म करता है, और बिना आसक्ति के। जिस प्रकार जल से कमल-दल नहीं भीगता, उसी प्रकार निःस्वार्थ पुरुष कर्मफल की प्रत्याशा से नहीं बाँधा जाता। अनासक्त और स्वार्थहीन व्यक्ति किसी भी जनाकीर्ण पाप के केंद्र नगर में प्रवेश करे, परंतु पाप की कालिमा उसे स्पर्श न कर सकेगी।

पूर्ण आत्मत्याग के उदाहरण की मैं एक कहानी कहता हूँ। कुरुक्षेत्र का समर समाप्त होने पर पाँचों पांडवों ने एक राजसूय यज्ञ किया और दीनों को बहुत-सा दान दिया। तमाम लोगों ने उस यज्ञ को देख आश्चर्य प्रकट किया; वैसा वैभव, वैसा धन अन्य किसी यज्ञ में उन्होंने देखा ही न था। यज्ञ समाप्त होने पर वहाँ एक छोटा-सा नेवला आया; उसकी आधी देह सुनहली थी, आधी भूरी। वह यज्ञ-भूमि में इधर-उधर लोटने लगा। तब उसने आसपास के लोगों से कहा—"तुम लोग सब झूठ कहते हो। यह भी कोई यज्ञ है ?" वे बोले—"क्या कहते हो, तुम्हारे लिए यह यज्ञ ही नहीं ? तुम्हें मालूम नहीं कितने अमूल्य रत्न, कितनी विशाल सम्पत्ति निर्धनों को लुटा दी गई है, यहाँ तक कि प्रत्येक भिक्षुक भी संपत्तिशाली हो गया है। ऐसा महान् यज्ञ तो आज तक संसार में कहीं हुआ नहीं !" परन्तु नेवले ने कहा—"किसी गाँव में एक गरीब ब्राह्मण रहता था; उसके एक स्त्री, पुत्र और पुत्रवधू साथ रहते थे। शिक्षा और उपदेश देने से लोग उन्हें जो भी थोड़ा-बहुत दे देते थे, वही उनकी जीविका थी। एक बार उस देश में तीन साल तक अकाल पड़ा। बेचारे ब्राह्मण पर सबसे अधिक विपत्ति आई। पाँच दिन हो गये, ब्राह्मण परिवार में किसी को भी अन्न न मिला, परन्तु छठे दिन ब्राह्मण के घर में कुछ जौ का पिसान आया और प्रत्येक के लिए थोड़ा-थोड़ा उसने उसे चार भागों में बाँट दिया। उन्होंने उसे पकाया, किन्तु जैसे ही भोजन करने बैठे, किसी ने द्वार पर कुण्डी खटखटाई। ब्राह्मण ने द्वार खोला, तो वहाँ एक अतिथि खड़ा था। भारतवर्ष में अतिथि की बड़ी महत्ता है; उस काल के लिए वह देवतुल्य है और वैसी ही उसकी आवभगत होनी चाहिये। बेचारे भूखे ब्राह्मण ने कहा—"स्वागत है; भीतर पधारिये।" उसने अतिथि के सामने अपने भोजन का भाग रख दिया; उसे वह तुरन्त खाकर बोला—"ओह, तुमने तो मुझे मार डाला। मैं दस दिन से भूखा हूँ और इस थोड़े-से भोजन से मेरी भूख और भी प्रबल हो उठी है।" तब ब्राह्मणी ने

अपने पति से कहा—'उन्हें मेरा भाग दे दो।' ब्राह्मण ने नाहीं-नूही की परन्तु ब्राह्मणी ने कहा—'हमारे घर एक भूखा अतिथि आया है; गृहस्थों की भाँति हमारा धर्म है कि हम उसे भोजन दे सन्तुष्ट करें। तुम अपना भाग दे चुके हो, अतः स्त्री की भाँति मेरा धर्म है कि मैं उसे अपना भाग दूँ।' तब उसने अपना भाग भी अतिथि के सामने रख दिया, किन्तु उसे भी खाकर उसकी क्षुधा शान्त न हुई। तब लड़के ने कहा—'मेरे भोजन का भाग भी दे दीजिये। पुत्र का धर्म है कि पिता के कर्तव्य-पालन में उसकी सहायता करे।' पथिक उसे खा गया, परन्तु अब भी भूखा रहा। बस पुत्रवधू ने भी उसे अपना भाग दे दिया। इतने से पूरा पड़ गया और अतिथि सन्तुष्ट हो उन्हें आशीष देता हुआ विदा हुआ। उस रात वे चारों प्राणी भूख से मर गये। उस भोजन के कुछ अन्न-कण जमीन पर गिर पड़े थे, और मैं जब उन पर लेटा तो मेरा आधा शरीर सोने का हो गया। उसी दिन से मैं सारी दुनिया घूमता फिरता हूँ कि कहीं वैसा ही दूसरा यज्ञ देखने को मिले, परन्तु मेरी आशा पूरी नहीं हुई। कहीं भी लोटने से मेरे शरीर का दूसरा भाग सोने का न हुआ। इसलिये मैं कहता हूँ, यह कोई यज्ञ नहीं।''

दया और उदारता के भाव अब धीरे-धीरे भारतवर्ष से बाहर जा रहे हैं। महान् पुरुष कम-से-कम संख्या में हो रहे हैं। जब मैंने पहले अँगरेजी पढ़ना शुरू किया था तब मैने अँगरेजी की एक कहानियों की पुस्तक पढ़ी, जिसकी पहली कहानी एक लड़के के बारे में थी जिसने अपने कर्तव्य का पालन किया था। वह बाहर काम करने गया था; जो कमाकर लाया था, उसमें से कुछ उसने अपनी वृद्धा माँ को भी दे दिया था। इसी बात को लेकर उसकी तीन-चार पृष्ठों में प्रशंसा की गई थी। परंतु वह कितना बड़ा काम था ? कोई हिंदू बालक उस कहानी से कोई बड़ी कर्तव्य-शिक्षा न पा सकता। अब मैं उसे समझता हूँ जब मैं पाश्चात्य विचार सुनता हूँ—प्रत्येक व्यक्ति अपने लिये, कुछ पुरुष सब कुछ अपने लिये करते हैं; माता--पिता, स्त्री-बच्चे सड़क की हवा खाते हैं। गृही का कहीं भी और कभी भी यह आदर्श न होना चाहिये।

कर्मयोग का अर्थ अब आपकी समझ में आ गया होगा; मरते हुए भी बिना सवाल-जवाब के दूसरों की सहायता करना। सैकड़ों बार धोखा खाकर भी चूँ तक न करना। हम क्या कर रहे हैं, न इसका विचार करना। दीन-दुखियों को दान देकर कभी अपनी डींग न हाँको, न उनकी कृतज्ञता की आशा रखो; प्रत्युत उनके उपकृत हो कि उन्होंने तुम्हें अपनी दया को चरितार्थ करने का एक अवसर दिया। इस प्रकार यह सिद्ध है कि आदर्श संन्यासी होने से आदर्श गृही होना कहीं कठिन है। सच्चे संन्यासी से यदि सच्चे कर्म का जीवन अधिक कठिन नहीं तो उतना ही कठिन अवश्य है।

चौथा अध्याय

कर्त्तव्य

कर्मयोग का अध्ययन करते यह जानना आवश्यक है कि कर्म क्या है, और उसी के साथ स्वभावतः यह प्रश्न उठता है, कर्त्तव्य क्या है ? यदि मैं कुछ करना चाहूँ, तो मुझे पहले देखना होगा कि यहाँ मेरा कर्त्तव्य क्या है, और तभी मैं उसे ठीक-से कर सकूँगा। जैसा पहले दिखाया जा चुका है, कर्त्तव्य के संबन्ध में अलग-अलग देशों में उनकी अलग-अलग धारणाएं हैं। मुसलमान कहता है, जो उसकी कुरान में लिखा है, वही उसका धर्म है; हिन्दू कहता है, जो उसके वेदों में लिखा है, वह उसका कर्त्तव्य है; ईसाई कहता है, उसका कर्त्तव्य उसकी बाइबिल में लिखा है। अतः हम देखते हैं कि जीवन की विभिन्न अवस्थाओं तथा देश-काल के अनुसार कर्त्तव्य-कर्म निश्चित होना चाहिये और होता है। अनेक सार्वभौमिक संज्ञाओं की भाँति कर्त्तव्य की व्याख्या करना भी कठिन है। कर्त्तव्य कहाँ किया जाता है, कैसे किया जाता है, उसका फल क्या होता है, आदि बातों का विचार कर हम कर्त्तव्य-संबन्धी अपनी एक धारणा मात्र बना सकते हैं। हमारे सामने जब कोई बात होती है तब उसके प्रति कर्त्तव्याकर्त्तव्य की हमारे भीतर एक नैसर्गिक अथवा शिक्षा से प्रेरित भावना उत्पन्न होती है; इस भावना के आने पर मन उस बात पर विचार करने लगता है। कभी वह सोचता है कि इन परिस्थितियों में ऐसा करना ठीक है, कभी सोचता है नहीं। कर्त्तव्य-संबन्धी साधारण धारणा यह कि कर्त्तव्य-प्रिय मनुष्य अपने मन की अथवा जैसा कि कहा जाता है, आत्मा की आज्ञा के अनुसार कार्य करता है। परन्तु कर्त्तव्य का निश्चय कैसे होता है ? यदि किसी ईसाई के सामने गोमांस का एक टुकड़ा हो और वह अपनी अथवा दूसरे की जीवन-रक्षा के लिए उसका व्यवहार न करे तो वह अवश्य अपनी ओर से एक कर्त्तव्य-च्युति का बोध करेगा। परन्तु यदि कोई हिन्दू वह गोमांस का टुकड़ा स्वयं खा ले अथवा किसी दूसरे हिन्दू को दे दे, तो उसे भी उतनी ही कर्त्तव्य-च्युति का बोध होगा । हिन्दू की शिक्षा-दीक्षा उसे ऐसा ही सोचने के लिए बाध्य करती हैं। पिछली शताब्दी में हिन्दुस्तान में ठगी का एक प्रसिद्ध पेशा था;

किसी मनुष्य को मारकर उसका धन छीन लेना वे अपना कर्त्तव्य समझते थे। जितने ही अधिक मनुष्यों को वे इस भाँति मारते, वे समझते कि धर्म का उन्होंने उतना ही अधिक पालन किया। साधारणतः कोई व्यक्ति जाकर यदि सड़क पर दूसरे को मार डाले, तो वह उसके लिए दुखी होगा और समझेगा, उसने अपना कर्त्तव्य न किया। परन्तु वही व्यक्ति यदि अपनी सेना की सैनिक पंक्ति में खड़ा दस-बीस-पचास शत्रुओं को मार डाले, तो वह अवश्य प्रसन्न होगा और समझेगा कि उसने अपने कर्त्तव्य का पालन किया। इसलिये प्रमाणित है कि कृतकर्म से कर्त्तव्य का निश्चय नहीं हो सकता । कर्म के अनुसार कर्त्तव्य की व्याख्या नहीं हो सकती; कर्म से निश्चित कर्त्तव्य का अस्तित्व नहीं। परन्तु कर्ता की ओर से कर्त्तव्य निश्चित होता है। जिस कर्म से हम ऊपर ईश्वर की ओर जाते हैं, वह शुभ कर्म है और हमारा कर्त्तव्य है; जिस कर्म से हम नीचे की ओर जाते हैं, वह अशुभ कर्म और अकर्त्तव्य है। कर्ता की दृष्टि से हम देख सकते हैं कि कुछ कर्म हमें उन्नत और महत्तर बनाते हैं तथा कुछ हमें पतित और पशुवत् बनाते हैं। परन्तु यह निश्चय से कहना कि किन कर्मों का सभी परिस्थितियों और दशाओं के मनुष्य पर कैसा प्रभाव पड़ेगा, सम्भव नहीं। सभी देश, काल तथा सम्प्रदायों के लोगों ने तो भी एक कर्त्तव्य माना है जो एक संस्कृत उक्ति में इस प्रकार रख दिया गया है—"किसी की हिंसा न करो; अहिंसा धर्म है; हिंसा पाप है।" यह एक सार्वदेशिक कर्म, निश्चित कर्त्तव्य की व्याख्या है जो हमें मिलती है। कर्ता की दृष्टि से कर्त्तव्य के बारे में हम कह सकते हैं कि जिस भाव से कोई काम किया जाता है, वह उठाने वाला होता है, जिस भाव से अन्य काम किये जाते हैं, वह गिराने वाला होता है, और बहुधा अपनी ही दृष्टि में ।

भगवद्गीता में अनेक स्थलों पर जन्म और जीवन की श्रेणी के अनुसार धर्म की ओर इंगित किया गया है। जन्म और श्रेणी से मनुष्य की विभिन्न कर्मों के प्रति मानसिक और धार्मिक धारणाएं अधिकतर बँधती हैं। इसलिये हमारा धर्म है कि जिस समाज में हम उत्पन्न हुए हैं, उसी के आदर्श और कर्मों का ध्यान रखते हुए, जिनसे हम उन्नत हो सकें, काम करें। परन्तु इस बात का विशेष ध्यान रखना चाहिये कि सभी समाजों के एक-से आदर्श और कर्म नहीं होते। यही भली-भाँति न समझ सकने के कारण जातियों में पारस्परिक विरोध-भाव बढ़ता है। एक अमरीका निवासी समझता है कि अपने देश की प्रथाओं के अनुसार वह जो कुछ करता है, वही श्रेष्ठ कर्त्तव्य है; जो उनका पालन नहीं करता, वह अवश्य ही असभ्य होगा। हिन्दू सोचता है कि उसके रीति-रिवाज सबसे उचित और श्रेयस्कर हैं। उन्हें जो नहीं मानता, वह अवश्य ही बहुत असभ्य होगा। यह एक स्वाभाविक भूल है जो सभी से बहुत आसानी से हो जाती है। परन्तु यह बड़ी खतरनाक भूल है, संसार के आधे से अधिक दुखों का यही एक कारण है। जब मैं इस देश में आया था और शिकागो का मेला देख रहा था, तब एक आदमी मेरे पीछे आया और उसने बड़ी जोर से मेरी पगड़ी

खींच ली। मैंने घूमकर देखा तो वह सभ्य सा भली पोशाक पहने दिखाई दिया। मैंने उससे अँगरेजी में बातचीत की; वैसा करने पर वह अत्यंत लज्जित हुआ, अवश्य ही इसलिये कि वह यह न सोच सकता था कि मैं अँगरेजी भी बोल सकता था। उसी मेले में अन्य अवसर पर एक मनुष्य ने मुझे धक्का दिया। जब मैंने उससे उसका कारण पूछा तो वह भी खिसिया गया और अन्त में किसी तरह क्षमा याचना करता बोला—"आप ऐसे कपड़े क्यों पहने हैं ?" इन व्यक्तियों की संवेदनाएँ उन्हीं की पोशाक और भाषा के दायरे में बन्द थीं। वही व्यक्ति जिसने मुझसे वैसी पोशाक पहनने का कारण पूछा था और चूँकि वह उसकी सी न थी, इसीलिए वह मुझसे दुर्व्यवहार करना चाहता था, सम्भवतः एक सज्जन पुरुष था; सब तरह से वह एक अच्छा पिता और नागरिक भी हो सकता था; परन्तु दूसरे को अपने यहाँ से इतर पोशाक पहने देख उसके मन में सहानुभूति न रही। अजनबी आदमी साधारणतः नये देशों में जाकर बहुत बनाये जाते हैं, क्योंकि वह वहाँ पर अपनी समुचित रक्षा करना नहीं जानते। फलतः अपने देश को लौटते हुए वहाँ के लोगों की सभ्यता के अपने मन पर उल्टी छाप ले जाते हैं। व्यापारी, सैनिक, जहाजों के मल्लाह आदि दूसरे देशों में जाकर बड़े ही विचित्र ढंग के व्यवहार करते हैं जिनका अपने देश में उन्हें स्वप्न में भी ध्यान न होगा। शायद इसी कारण से चीनी लोग अमेरिका और इंगलैंड वालों को विलायती शैतान कहकर पुकारते हैं।

इसलिये हमें इस बात का सदैव स्मरण रखना चाहिए कि दूसरों के कर्त्तव्य का हम उन्हीं के दृष्टिकोण से विचार करें, अन्य जातियों व देशवासियों के रीति-रिवाजों को हम अपने माप-दंड से न नापें। "मेरा आदर्श संसार का आदर्श नहीं"—सीखने के लिए यह एक बड़ा सबक है। "मुझे संसार के अनुसार रहना है, न कि संसार को मेरे अनुसार।" इसलिये हम देखते हैं कि परिस्थितियों के साथ हमारे कर्त्तव्य में भी परिवर्तन होता है; किसी समय में जो हमारा कर्त्तव्य है, उसे सबसे अच्छी तरह करना, यही संसार में हम सबसे अच्छी बात कर सकते हैं। जन्म के अनुसार जो हमारा कर्त्तव्य है, उसे हमें करना चाहिये; वैसा कर चुकने पर समाज और जीवन में हमारी निश्चित श्रेणी के अनुसार हमें अपना कर्त्तव्य करना चाहिए। जीवन में मनुष्य का कोई-न-कोई स्थान होता ही है। उसे उसके अनुरूप कर्त्तव्य का पालन करना चाहिये। मानव प्रकृति में किन्तु एक भयावह बात यह है कि मनुष्य अपनी ओर स्वच्छ दृष्टि से देखता नहीं। वह समझता है, सिंहासन पर बैठकर वह वैसे ही शासन कर सकता है। वह वैसा कर भी सके, तो उसे पहले यह दिखा देना होगा कि उसने अपने व्यक्तिगत कर्त्तव्य का पालन किया है। वैसा कर चुकने पर उसके सामने महत्तर कर्त्तव्य उपस्थित होंगे। संसार को मनुष्य पहले यह दिखा दे कि जो छोटा काम उसे मिला है, उसे समुचित ढंग से कर सकने की सामर्थ्य उसमें है; वैसा करने पर उसके सामने और बड़े काम आवेंगे। संसार में जब हम जी लगाकर कर्म करना आरंभ करते

हैं, दायें-बायें प्रकृति की मारें हमारे ऊपर पड़ती हैं और हम शीघ्र ही जान जाते हैं, हमारा कर्म-क्षेत्र कौन-सा है। असमर्थ व्यक्ति एक पद पर बहुत देर तक नहीं टिक सकता। प्रकृति के श्रेणी-विभाजन के प्रति रोना-कल्पना व्यर्थ है। जो छोटा काम करता है, वह उस कारण छोटा आदमी नहीं, किसी के कर्त्तव्य को देखकर उसकी बड़ाई-छुटाई का अंदाजा न लगाना चाहिए; बड़ा-छोटा वह जिस भाव से, जिस ढंग से उन्हें करता है, होता है।

बाद में हम देखेंगे कि कर्त्तव्य का यह विचार भी बदलना पड़ता है तथा सबसे सुन्दर और महान् वह कर्म होता है जिसकी प्रेरक कोई इच्छा नहीं होती। किन्तु कर्त्तव्य का ध्यान रखते हुए हम जो कर्म करते हैं, वही हमें उस कर्म तक पहुँचा सकता है, जहाँ कर्त्तव्य का भी विचार नहीं रहता। तब कर्म उपासना हो जाएगा, वरन् उससे भी और कुछ बढ़कर, कर्म केवल कर्म के लिए। वह उच्चतम आदर्श है और कर्त्तव्य-पथ से ही हम उस तक पहुँच सकते हैं। हम देखेंगे कि कर्त्तव्य की सभी ध ारणाओं के पीछे, चाहे धर्म में चाहे प्रेम में, एक ही दर्शन है, जैसा कि सभी योगों में—यह लक्ष्य रखना कि स्थूल को घटाया जाए जिससे सूक्ष्म, जो कि हमारा वास्तविक स्वरूप है, अपनी पूर्ण प्रभा में भासित हो। जीवन की निम्न सतहों पर शक्ति नष्ट न कर उन्हें संचित किया जाये जिससे आत्मा उनसे बड़ी ऊँची सतहों पर चमक सके। कर्त्तव्य का कठोरता से पालन कर क्षुद्र इच्छाओं को बारंबार दबाकर ऐसा किया जाता है। समाज का पूर्ण संगठन इस प्रकार ज्ञात किंवा अज्ञात रूप से अनुभूतियों और कर्मों के क्षेत्र पर किया गया है जहाँ पर क्षुद्र स्वार्थी भावनाओं को दबाकर मनुष्य की सच्ची महत्तर प्रकृति के विकास का अनवरूद्ध मार्ग खोला जाता है। वह एक सुनिश्चित कर्त्तव्य-धर्म है कि कर्ता की दृष्टि से स्वार्थ और वासना मनुष्य को पाप और पतन की ओर ले जाते हैं तथा आत्म-त्याग और संयम उसे पुण्य के विकास की ओर।

कर्त्तव्य शायद ही कभी मीठा हो। जब प्रेम उसके चक्रों को तैलाक्त कर देता है तब तो वह सरलता से चलता है, नहीं तो सदा संघर्ष हुआ करता है। उसके बिना कौन माता-पिता अपनी संतान के प्रति अपने कर्त्तव्य का पालन कर सकते हैं ? कौन संतान अपने माता-पिता के प्रति ? कौन पति अपनी स्त्री के प्रति और कौन स्त्री अपने पति के प्रति ? प्रतिदिन अपने जीवन में क्या हमें संघर्ष देखने को नहीं मिलता? कर्त्तव्य केवल प्रेम से मीठा हो सकता है और प्रेम केवल स्वतंत्रता में मिलता है। परंतु क्या इंद्रियों के राग-द्वेष तथा सांसारिक जीवन में अहरह होने वाली क्षुद्र-क्षुद्र भावनाओं के दास होने में स्वतंत्रता है ? जीवन में इन सब क्षुद्रताओं से अपने आपको बचाना शक्ति और स्वतंत्रता का महत्तम परिचय है। स्त्रियाँ अपने ही द्वेष और ईर्ष्या से भरी प्रकृति की दास हो बहुधा अपने पतियों को दोष दे सकती हैं तथा अपनी स्वतंत्रता की, जैसा कि वे समझती हैं, घोषणा कर सकती हैं परंतु यह न

जानते हुए कि इससे वे अपनी ही दासता सिद्ध कर रही हैं। यही हाल पतियों का हो सकता है जो सदा अपनी स्त्रियों के विषय में नुक्ताचीनी किया करते हैं।

स्त्री अथवा पुरुष में चारित्र्य पहला गुण है; पुरुष कितना ही कुमार्ग में चला गया हो, वह एक पतिव्रता, सुशील और प्रेम करने वाली पत्नी द्वारा सुमार्ग में न लाया जा सके, ऐसा कम देखा गया है। यह दुनिया अभी उतनी बुरी नहीं है। संसार में पशु-तुल्य पतियों और उनकी दुश्चरित्रता के विषय में मैंने बहुत कुछ सुना है। पर मेरा अनुभव मुझे यह बताता है कि दुश्चरित्र और पशुतुल्य स्त्रियाँ उतनी ही हैं जितने कि मनुष्य। अमरीका की स्त्रियाँ यदि उतनी ही सुशील और सच्चरित्र होतीं जितना कि उनके बारम्बार अपनी महत्ता के व्याख्यानों से कोई परदेशी उन्हें समझ सकता है, तब मुझे पूर्ण विश्वास है कि इस देश में एक भी दुश्चरित्र पुरुष न रहता। पुरुष किसके साथ फिर अपना चरित्र बिगाड़ते ? ऐसी कौन-सी पशुता है जिस पर पवित्रता और चारित्र्य-बल विजय नहीं पा सकते ? एक सुशीला पतिव्रता स्त्री जो पति को छोड़ प्रत्येक इतर पुरुष को अपनी संतान के समान समझती है और सभी पुरुषों के प्रति मातृ-दृष्टि रखती है, पवित्रता में उतनी शक्तिशाली हो जाएगी कि बर्बर-से-बर्बर पुरुष भी उसके पास आ बिना पवित्रता के वायुमंडल में सांस लिये न रह सकेगा। इसी भाँति प्रत्येक पुरुष को अपनी स्त्री को छोड़ अन्य सभी स्त्रियों की ओर माता, पुत्री अथवा भगिनी की भाँति देखना चाहिये। जो मनुष्य धर्म-शिक्षक होना चाहे, उसे प्रत्येक स्त्री को अपनी माता के समान देखना और उसके प्रति वैसा ही व्यवहार करना चाहिये।

माता का स्थान संसार में सर्वोच्च है और यहीं हम श्रेष्ठ त्याग का पाठ सीख उसका अभ्यास कर सकते हैं। केवल ईश्वर का प्रेम माँ के प्रेम से बढ़कर है; और सब प्रेम उसके नीचे हैं। माँ का कर्त्तव्य हैं कि वह पहले अपनी संतान की खबर ले, पीछे अपनी। परंतु इसके बदले जब माता-पिता अपना ध्यान पहले रखते हैं, खाने-पीने तक की छोटी-छोटी बातों में अपने लिये सबसे अच्छा भाग रखते हैं, बचा-खुचा बच्चों के लिए, तो माता-पिता और संतति का संबन्ध वैसा ही हो जाता है जैसा कि चिड़ियों और उनके बच्चों में होता है; जैसे ही उड़ने लगे वैसे ही कौन किसकी माँ और कौन किसका बाप ! वह पुरुष धन्य है जो स्त्री को ईश्वर के मातृत्व के प्रतिनिधि के रूप में देख सकता है। वह स्त्री धन्य है जिसके लिए पुरुष ईश्वर के पितृत्व का प्रतिनिधि है। वे संतान धन्य हैं जो अपने माता-पिता को संसार में ईश्वर का अवतार मानते हैं।

उन्नति करने का एक ही मार्ग है, हाथ में जो काम है उसे कर अधिक-से-अधिक शक्तिशाली होते जाएं, इस प्रकार ऊँचे-से-ऊँचे चढ़ते जायें जब तक कि सर्वोच्च दशा न आ जाय। किसी भी प्रकार का कर्त्तव्य घृणित नहीं। मैं फिर कहता हूँ, जो मनुष्य छोटा काम करता है, वह उस कारण उस व्यक्ति से छोटा नहीं जो बड़ा काम करता

है। मनुष्य की महत्ता उसके कर्त्तव्य में नहीं, उसके करने के ढंग में होती है। वह उसे कैसे और किस योग्यता से करता है, उसकी कसौटी है। वह चमार जो कम-से-कम समय में एक सुन्दर मजबूत जूतों का जोड़ा बना सकता है, उस पंडितजी से कहीं भला आदमी है, जो दिन भर इधर-उधर अंट-संट हाँका करते हैं।

एक संन्यासी ने वन में जाकर तपस्या की और बहुत दिनों तक योगाभ्यास किया। बारह वर्ष तक कठिन परिश्रम और अभ्यास करने के पश्चात् वह एक दिन वृक्ष के नीचे बैठा था कि उसके सिर पर कुछ सूखी पत्तियाँ गिरीं। उसने ऊपर दृष्टि उठाई, तो कौए और सारस को लड़ते देखा। उसे बड़ा क्रोध आया। 'क्या ?' उसने कहा। "तुम्हारी इतनी सामर्थ्य जो मेरे ऊपर तुम सूखी पत्तियाँ गिराओ ?" और जैसे ही क्रोध-भरी दृष्टि से उसने उन्हें देखा, तो उसके मस्तक से आग की लपट छूटी–उसकी शक्ति ही ऐसी थी–और वे चिड़ियाँ भस्म हो गईं। वह बहुत प्रसन्न हुआ, अपने भीतर शक्ति के इस विकास से वह फूला न समाया, एक दृष्टि निक्षेप मात्र से वह कौए और सारस को भस्म कर सकता था ! कुछ समय बाद उसे नगर में भिक्षा के लिए जाना पड़ा। एक दरवाजे के पास खड़े हो उसने कहा–"माँ, भिक्षा मिले।" भीतर से आवाज आई–"बेटा, थोड़ी देर धीरज रखो।" युवक ने सोचा–"ओ क्षुद्र स्त्री, तेरी मजाल जो मुझे धीरज रखने को कहती है ! तुझे अभी मेरी शक्ति का पता नहीं।" वह ऐसा सोच ही रहा था कि भीतर से फिर आवाज आई–"बच्चे, अपनी शक्ति का बहुत गुमान न कर, यहाँ न तो कौआ है, न सारस।" वह आश्चर्य में पड़ गया, फिर भी उसे ठहरना पड़ा। अन्त में एक स्त्री आई और उसके चरणों पर गिर वह बोला–"माता, तुम्हें यह सब कैसे मालूम हुआ ?" उसने कहा–"पुत्र, मुझे तुम्हारा योग या तुम्हारी क्रियाएँ नहीं आतीं। मैं एक साधारण स्त्री हूँ, परन्तु मैंने तुम्हें ठहराया इसलिये कि मेरे पतिदेव अस्वस्थ थे, मैं उनकी सुश्रूषा कर रही थी, और वह मेरा धर्म था। जीवन भर मैंने धर्म-पालन करने की चेष्टा की है। लड़की की भाँति जब मैं अविवाहित थी, मैंने धर्म का पालन किया; और अब जब विवाह हो गया है, तब भी मैं अपने धर्म का पालन कर रही हूँ। यही मेरा योग है, जिसका मैं अभ्यास करती हूँ, और धर्म का पालन करने से मुझे ज्ञान-ज्योति मिली है, इसलिए मैं तुम्हारे विचार और जो कुछ तुमने वन में किया था, जान सकी। परन्तु यदि तुम्हें इससे अधिक जानने की इच्छा है, तो अमुक नगर की हाट में जाओ और वहाँ तुम्हें एक कसाई मिलेगा, वह तुम्हें कुछ बतायेगा जिसे सीखकर तुम्हें बड़ी प्रसन्नता होगी।" संन्यासी ने सोचा–"नगर जाकर क्या करूं और एक कसाई के पास !" (हमारे देश में कसाई सबसे छोटी जाति के होते हैं; वे चांडाल कहलाते हैं और कसाई होने के कारण उन्हें कोई छूता नहीं। कसाई का काम करने के अतिरिक्त वे मेहतर आदि का भी काम करते हैं।)

परन्तु जो कुछ उसने देखा था, उससे उसकी आँखें कुछ-कुछ खुल चुकी थीं।

बस वह चला। नगर के पास पहुँच वह हाट में आया और वहाँ उसने एक मोटे कसाई को बड़े-बड़े चाकुओं से पशुओं को काटते-छाँटते और ग्राहकों से बातचीत करते और मोल-तोल करते देखा। "भगवान भला करे"—युवक ने सोचा; "क्या इसी आदमी से मुझे शिक्षा पानी है ? और कुछ नहीं तो साक्षात् राक्षस है यह।" उसी समय कसाई ने उसकी ओर देखकर कहा—"स्वामीजी, क्या उस स्त्री ने आपको यहाँ भेजा है ? कृपा कर थोड़ी देर बैठ जाइये जब तक मैं अपना काम न समाप्त कर लूँ।" संन्यासी ने मन में कहा—"अब यहाँ यह क्या हो रहा है ?" और वह बैठ गया; कसाई अपना काम करता रहा। सौदा बेचकर पैसे ले उसने संन्यासी से कहा—"आइये, मेरे घर चलिये।" वे दोनों घर गये और कसाई ने उसे आसन दे कहा—"तब तक यहाँ बैठिये।" वह भीतर गया जहाँ उसके माता-पिता थे। उसने उन्हें स्नान करा भोजन कराया और हर तरह से उन्हें प्रसन्न करने की चेष्टा की। उसके बाद संन्यासी के सामने आकर वह बैठ गया और बोला—"अच्छा, देव, आप मुझे देखने आये हैं। आज्ञा दीजिये, मैं आपकी क्या सेवा करूँ ?" तब संन्यासी ने उससे आत्मा और परमात्मा के विषय में कुछ प्रश्न किये जिस पर कसाई ने एक व्याखान दिया जो कि आज भी भारतवर्ष में व्याध-गीता के नाम से एक प्रसिद्ध कृति है। वेदान्त में, दर्शन में, वह सर्वोच्च उड़ानों में से एक है। कृष्ण के व्याख्यान भगवद्गीता के विषय में आपने सुना है। जब आप उसे पढ़ लें, तो व्याध-गीता पढ़ें। वेदान्त का उसमें सार निचोड़ कर रखा है। जब कसाई कह चुका, तो संन्यासी को बड़ा आश्चर्य हुआ। उसने कहा—"आप यह शरीर क्यों धारण किये हैं ? आप इतने ज्ञानी होते हुए भी चांडाल शरीर में हैं और ऐसा घृणित नीच कर्म करते हैं ?" चांडाल ने उत्तर दिया—"कोई भी कर्त्तव्य घृणित नहीं, कोई भी कर्त्तव्य अपवित्र नहीं। मैं ऐसे ही कुल में, जाति में, परिस्थितियों में उत्पन्न हुआ था। बचपन से ही मैंने यह कर्म करना सीखा। मैं अनासक्त हूँ और अच्छी तरह अपना रोजगार करने की चेष्टा करता हूँ। गृहस्थ के कर्त्तव्य का यथाशक्ति पालन करने का प्रयत्न करता हूँ और जो कुछ भी हो सकता है, उससे माता-पिता को प्रसन्न रखता हूँ। मैं तुम्हारा योग नहीं जानता, न संन्यासी हुआ हूँ, न संसार छोड़ कभी वन में गया हूँ। फिर भी जो कुछ तुमने देखा-सुना है, वह मेरे अनासक्त हो कर्त्तव्य-पालन का परिणाम है।"

भारतवर्ष में एक बहुत बड़े योगी हैं, मेरे जीवन के बहुत ही विचित्र पुरुषों में से एक, जिन्हें मैंने देखा है। उनकी प्रकृति अनोखी है, वह किसी को शिक्षा नहीं देते; कोई प्रश्न पूछिये तो उसका उत्तर न देंगे। धर्मोपदेशक होना उनके लिए अत्यन्त कठिन है; वह काम उनसे होने का नहीं। कोई प्रश्न कर आप कुछ दिन ठहरिये, तो बातचीत के सिलसिले में वह उस विषय को स्वयं छेड़ेंगे और उस पर अद्भूत प्रकाश डालेंगे। एक बार उन्होंने मुझे पूर्ण कर्म का रहस्य बताया; वह यह था—"परिणाम और उपकरण जुड़कर एक हो जाने दो, यही कर्म का रहस्य है।" जब कोई काम कर

रहे हो, तो उससे परे की बात न सोचो। उसे उपासना, सर्वोच्च उपासना समझ उस काल के लिये उसमें जान लड़ा दो। कर्म की यह उपासना कर्म के ही लिए है। इसी भाँति इस कहानी में स्त्री और चांडाल ने अपने कर्त्तव्य का पालन किया और प्रसन्नता, सहृदयता, अपनी पूर्ण इच्छा के साथ; परिणाम यह हुआ कि वे ज्ञानी हो गये। प्रत्येक कर्त्तव्य पवित्र है और कर्त्तव्य की उपासना ईश्वर की सर्वोच्च उपासना है। बद्ध-प्रकृति वालों की पथ-भ्रष्ट अज्ञान-भारानत आत्मा को मुक्त और प्रकाशित करने के लिए यह अवश्य ही सुन्दर मार्ग है। इस उदाहरण से यह प्रत्यक्ष है कि जीवन में किसी भी कुल, जाति, परिस्थिति का व्यक्ति फल और परिणाम में अनासक्ति रखते हुए अपने कर्त्तव्य का उचित पालन कर आध्यात्मिक पूर्णता का सर्वोच्च भागी हो सकता है।

हमारे कर्त्तव्य का निश्चय हमारी परिस्थितियों से होता है; वहाँ बड़ा छोटा नहीं हो सकता। फल की चिन्ता करने वाला व्यक्ति ही अपने कर्त्तव्य की बड़ाई-छुटाई के लिए भाग्य को दोष देता है। अनासक्त के लिए सभी कर्त्तव्य समान हैं; स्वार्थपरता और ऐन्द्रियता का समूल नाश कर अध्यात्म-ज्योति के पुर्णोद्भासन के लिए उसके हाथों वे उचित उपकरण हैं। हम सभी अपने आपको बहुत बड़ा समझ सकते हैं। जब मैं छोटा था तो सोचा करता था, मैं बादशाह हूँ , यह हूँ, वह हूँ; मैं समझता हूँ, ऐसे ही आप लोगों ने भी स्वप्न देखे होंगे। परन्तु वे स्वप्न ही तो थे; प्रकृति कठोरता निर्ममता से न्याय करती है। अतएव हमारा कर्त्तव्य बहुत कुछ हमारी योग्यताओं के अनुसार होता है, जितना कि हम साधारणतः मानने को तैयार नहीं रहते। अपने निकटतम कर्त्तव्य का, जो अभी हमारे हाथों में है, उस कर्त्तव्य का पालन कर हम अधिक शक्ति-सम्पन्न होते हैं। एक-एक सीढ़ी चढ़कर शक्ति का इस भाँति अर्जन करते हुए हम उस दशा को भी पहुँच सकते हैं जहाँ समाज और जीवन के सर्वाधिक कांक्षित और श्रद्धास्पद कर्त्तव्य हमें पालन करने को मिलेंगे। होड़ा-होड़ी से ईर्ष्या उत्पन्न होती है और मनुष्य की सहृदयता नष्ट हो जाती है। शिकायत करने वाले के लिए सभी कर्त्तव्य अभीप्स्य हैं; किसी से भी उसे तोष न होगा और उसका जीवन अवश्य असफल रहेगा। आओ, कर्म करें; जो कुछ भी सामने कर्त्तव्य आवे, उससे मुँह न मोड़ें; कर्म की गाड़ी में सदा ही कन्धा देने के लिए तैयार रहें। तब हम अवश्य प्रकाश देखेंगे।

पाँचवाँ अध्याय

हम अपना उपकार करते हैं, न कि संसार का

कर्म की उपासना द्वारा आध्यात्मिक उन्नति पर अधिक कुछ कहने के पूर्व मैं संक्षेप में कर्म की एक अन्य व्याख्या कर दूँ जिसे हम भारतवर्ष में कर्मशब्द के अंतर्गत मानते हैं। प्रत्येक धर्म के तीन भाग होते हैं; पहला दर्शन, दूसरा पुराण और तीसरा उपासना। दर्शन तो प्रत्येक धर्म का तत्त्व होता है; पुराण पूर्व महापुरुषों के चरित्र, कहानियों और झूठी-सच्ची अनेक विचित्र कथाओं द्वारा उस दर्शन को व्यक्त करते हैं, उसकी व्याख्या कर लोगों को बोधगम्य बनाते हैं। उपासना उस दर्शन को एक और भी स्थूल रूप देती है जिससे कि जन साधारण के उसे समझने में कठिनता न पड़े। उपासना वास्तव में दर्शन का स्थूल रूप है। यह उपासना कर्म है; प्रत्येक धर्म में उसकी दरकार रहती है, कारण कि हममें से बहुत-से सूक्ष्म आध्यात्मिक बातें नहीं समझ पाते जब तक कि उनकी उस ओर अधिक उन्नति न हो। मनुष्य के लिए यह सोचना सरल है कि वह सब कुछ समझ सकता है परंतु वास्तविक अभ्यास का सामना होने पर वह जानता है, बहुत-सी बातें समझना अत्यन्त कठिन है। इसलिये प्रतीक नितांत आवश्यक हैं और सत्य को प्रतीकों द्वारा व्यक्त करने की प्रणाली को हम नहीं तज सकते। अनादि काल से सभी धर्म प्रतीकों का व्यवहार करते आये हैं। एक प्रकार तो बिना प्रतीकों के हम कुछ सोच नहीं सकते; शब्द भी विचारों के प्रतीक हैं। अन्य अर्थ में विश्व की प्रत्येक वस्तु प्रतीक के रूप में देखी जा सकती है। समस्त सृष्टि एक प्रतीक है और ईश्वर उसके पीछे का सत्य तत्त्व। इस प्रकार का प्रतीकवाद केवल मनुष्य-कृत नहीं; ऐसा नहीं होता कि किसी धर्म के कुछ व्यक्ति एक जगह बैठकर उसकी अभिव्यक्ति के लिए कुछ प्रतीक खोज निकालते हों, एक तथ्य का हाथ-पैरों वाला स्थूल रूप अपने दिमाग से गढ़कर खड़ा कर देते हों। धार्मिक प्रतीकों की उपज प्राकृतिक और वैसा उनका विकास होता है। नहीं तो किन्हीं प्रतीकों से प्रत्येक के मन में समान भाव क्यों उत्पन्न होते हैं ? कुछ प्रतीक प्रायः सार्वभौम परिचय प्राप्त किये हुए हैं। आप लोगों में से बहुतों का विचार होगा कि क्रॉस का

चिह्न सर्वप्रथम ईसाई धर्म के साथ जन्मा; परन्तु वास्तव में ईसाई धर्म के पूर्व, जब मूसा का जन्म न हुआ था, जब वेद उच्चरित न हुए थे, जब मनुष्य का कोई इतिहास न था, यह क्रॉस था। अज्टेक लोगों में क्रॉस का अस्तित्व पाया जा सकता है; फिनीशिया का प्रत्येक निवासी शायद अपने साथ एक क्रॉस रखता था। फिर ईसा के क्रॉस पर चढ़ने का प्रतीक, एक मनुष्य को क्रॉस पर शूली देने का संकेत प्रायः प्रत्येक जाति को विदित प्रतीत होता है। संसार भर में चक्र एक महान् प्रतीक रहा है। इसके बाद सबसे अधिक प्रचलित स्वस्तिका चिह्न है। किसी समय यह विचार था कि बौद्धों के साथ संसार में इसका प्रचार हुआ परंतु अब पता लगा है कि बौद्धों के पूर्व युगों से जातियों में उसका प्रयोग होता था। पुराने बैबिलोन और मिस्र देश में वह पाया जाता था। इससे क्या सिद्ध होता है ? ये सब प्रतीक रूढ़ि-जन्य न थे। उनके पीछे कोई बौद्धिक तर्कशृंखला, उनके और मानव मस्तिष्क के बीच कोई नैसर्गिक घनिष्ठ सम्बन्ध ा अवश्य होना चाहिये। भाषा रूढ़ि-जन्य नहीं; ऐसा न हुआ था कि कुछ व्यक्तियों ने किन्हीं विचारों को किन्हीं शब्दों द्वारा व्यक्त करने का निश्चय किया था। शब्द और विचार स्वभाव से अभिन्न हैं। विचारों को व्यक्त करने के लिए ध्वनि अथवा चित्रों के संकेत हो सकते हैं। बहरे और गूँगे ध्वनि से इतर प्रतीकों का व्यवहार करते हैं। चित्त में प्रत्येक विचार का अपना आकार होता है; संस्कृत दर्शन में उसे नाम-रूप कहा जाता है। भाषा की भाँति रूढ़ियों से प्रतीकों को जन्म देना असंभव है। संसार के उपासना-प्रतीकों में हम मानव मात्र की धार्मिक धारणाओं की अभिव्यंजना पाते हैं। मंदिर, मस्जिद, संध्या, नमाज़ आदि सब व्यर्थ हैं, कहना अत्यंत सरल है; आजकल का छोटा बच्चा भी यह कहता है। परन्तु यह समझना भी सरल होना चाहिये कि मंदिर में पूजा करने वाले बहुत कुछ उन लोगों से भिन्न प्रकुति के हैं, जो वहाँ नहीं जाते। इसलिये विभिन्न धर्मों के उपासना-प्रतीक, मंदिर, संध्या, आरती आदि उनके अनुयायियों के मन में उन विचारों को जाग्रत करते हैं जिनके वे प्रतीक होते हैं। इसलिये प्रतीकवाद, उपासना आदि को बिल्कुल उड़ा देने से काम नहीं चल सकता। इनका अध्ययन और अभ्यास स्वभावतः कर्मयोग के अंतर्गत है।

कर्म-विज्ञान के और भी पहलू हैं। उनमें से एक शब्द और विचार का पारस्परिक संबन्ध, शब्द-शक्ति के चमत्कार जानना भी है। प्रत्येक धर्म में शब्द की महती शक्ति मानी गई है, यहाँ तक कि कुछ में सृष्टि तक का शब्द से होना कहा गया है। ईश्वर के विचार का बाह्य रूप शब्द है और जैसा ईश्वर ने सृष्टि के पूर्व सोचा और इच्छा की, वैसा शब्द से विश्व उत्पन्न हुआ। आज के भौतिक यांत्रिक जीवन की संघर्षपूर्ण हलचल में हमारी स्नायुओं की ग्राह्यशक्ति मध्यम पड़ गई है और वे ऐंठकर लोहे की पत्तियाँ हो गई हैं। जीवन के जैसे ही और दिन बीतते हैं, दुनिया में हम उतने ही अधि ाक धक्के खाते हैं, हमारी स्नायुएँ उतनी ही कठोर होती जाती हैं। हमारे चारों ओर हमारी आखों के सामने जो घटनाएं घटती हैं, हम उन्हें तक नहीं देख पाते। मानव

प्रकृति किंतु कभी जब जोर करती है, तो इन साधारण घटनाओं को देख हम आश्चर्य करते और उनके विषय में जिज्ञासा करते हैं। इस प्रकार आश्चर्य करना आध्यात्मिक विकास की पहली सीढ़ी है। शब्द का उच्च धार्मिक और दार्शनिक मूल्य छोड़ हम देख सकते हैं कि ध्वनि-प्रतीक मानव-जीवन के अभिनय में अपना विशेष स्थान रखते हैं। मैं आप लोगों से बातचीत कर रहा हूँ, आपका स्पर्श नहीं करता। मेरी बातचीत से उत्पन्न वायु के स्पंदन आपके कानों में जा आपकी स्नायुओं को स्पर्श करते हैं और आपका मन प्रभावित होता है। आप इससे बच नहीं सकते। इससे अधिक और आश्चर्यजनक क्या हो सकता है ? एक व्यक्ति दूसरे को मूर्ख कहता है, दूसरा उठकर उसकी नाक पर एक घूँसा जड़ देता है। शब्द की शक्ति देखिये। एक स्त्री दुख से कातर रो रही है, अन्य आकर उससे कुछ मधुर शब्द कहती है; दुखी स्त्री उठकर सीध ी खड़ी हो जाती है, दुख जाने कहाँ भाग जाता है और वह मुस्कराने लगती है। शब्दों की शक्ति का विचार कीजिये ! महद्दर्शन में और वैसे ही साधारण जीवन में उनकी अतुल शक्ति है। दिन और रात हम इस शक्ति का उपयोग करते हैं परंतु उसके विषय में जिज्ञासा नहीं करते। इस शक्ति का पूर्ण ज्ञान और उसका उचित प्रयोग भी कर्म-योग के अंतर्गत है।

दूसरों के प्रति कर्त्तव्य का अर्थ है, उनका उपकार करना; अर्थात् संसार की भलाई करना। संसार की भलाई हम क्यों करें ? ऊपर से संसार का उपकार करने के लिए, परंतु वास्तव में अपने ही उपकार के लिए। हमें संसार का भरसक उपकार करना चाहिये; कर्म की वह हतारी सर्वोच्च प्रेरक इच्छा होनी चाहिये; परंतु जब हम उसका विश्लेषण करते हैं तब हम देखते हैं कि संसार को हमारे उपकार की दरकार नहीं। यह संसार इसलिये न बना था कि हम और आप आकर उपकार करें। मैंने एक बार एक सर्मन (धर्म व्याख्यान) पढ़ा जिसमें कहा गया था—"यह सुन्दर संसार बहुत अच्छा है, क्यों कि यहाँ दूसरों का उपकार करने का हमें अवसर मिलता है।" ऊपर से देखा जाए, तो भाव बड़ा भला मालूम पड़ता है परंतु एक प्रकार से ऐसा सोचना अभिशाप है; क्योंकि यह कहना कि संसार को हमारी सहायता की आवश्यकता है, क्या पाप नहीं ? हम यह अस्वीकार नहीं कर सकते कि दुनिया में बहुत-सा दुख है; इसलिये दुखियों की जाकर सहायता करना कर्म का श्रेष्ठ ध्येय है, परंतु अंत में हम देखेंगे कि दूसरों का उपकार हमारा ही उपकार है। बचपन में मैंने कुछ सफेद चुहियाँ पाली थीं। वे एक छोटे से संदूक में रखी जाती थीं, जिसमें छोटे-छोटे पहिये लगे थे। चुहियाँ बाहर निकलना चाहतीं, तो पहियों को घुमातीं। पहिये घूमते और फिर घूमते, परंतु वे निकल न पातीं। इस भाँति संसार और हमारा उसके प्रति उपकार है। उपकार केवल यह होता है कि हमारा सदाचार का थोड़ा व्यायाम हो जाता है। यह संसार न भला है, न बुरा; प्रत्येक मनुष्य का संसार उसके साथ रहता है। जब अंधा संसार के विषय में सोचता है, तो वह उसके लिए कोमल

या कठोर, ठंडा या गर्म होता है। सुख-दुख के हम लोग मिश्रित पिंड हैं; जीवन में इस बात का सैकड़ों बार हमें अनुभव हुआ होगा। साधारणतः युवा आशावादी और वृद्ध दुःखवादी होते हैं। युवकों के आगे सारा जीवन पड़ा है; वृद्ध शिकायत करते हैं, उनके दिन बीत चुके। सैकड़ों इच्छाएँ जिनकी वे पूर्ति न कर सके, उनके हृदय में हलचल मचाती हैं। जीवन का प्रायः उनके लिए अंत हो गया। फिर भी दोनों मूर्ख हैं। यह जीवन न अच्छा है न बुरा। अच्छा-बुरा वह हमारे मानसिक दृष्टिकोण के अनुसार हो जाता है। कमठ व्यक्ति न यहाँ पाप देखेगा न पुण्य। आग न अच्छी है न बुरी। जब जाड़े में हमें उससे गर्मी मिलती है तब हम कहते हैं–"अहा, आग कितनी सुन्दर है !" जब उसमें हाथ जल जाता है, तो हम उसे दोष देते हैं। अपने आप न वह अच्छी है, न बुरी। उसकी अच्छाई-बुराई हमारे उसके साथ व्यवहार करने के ढंग पर निर्भर है। इसी भाँति यह संसार; वह पूर्ण है। पूर्णता से यह अर्थ कि हमारे व्यवहार के लिए वह पूर्ण है। हम निश्चय-पूर्वक विश्वास कर सकते हैं कि यह संसार-चक्र इसी सुन्दर गति से चला जाएगा और उसका उपकार करने की हमे चिंता न करनी चाहिये।

फिर भी हमें अच्छे कर्म करना चाहिये; अच्छे कर्म करने की इच्छा चरित्रवान की सबसे बड़ी इच्छा हो सकती है, यदि हम इस बात का ध्यान रखें कि परोपकार हमारे लिये सौभाग्य की बात है। अभिमान के ऊँचे टीले पर खड़े होकर यह न कहो–"ले गरीब आदमी, यह पैसा ले।" प्रत्युत उस गरीब आदमी के कृतज्ञ हो कि उसे कुछ देकर तुम अपनी कुछ भलाई कर सकते हो। भला लेने वाले का नहीं होता; भला देने वाले का होता है। धन्यवाद दो कि संसार में तुम्हें अपनी दया और परोपकार की वृत्तियों को कार्य-रूप में परिणत करने का अवसर मिलता है और इस भाँति तुम अधिक पवित्र और पूर्ण बनते हो। सभी अच्छे कर्मों से हम पूर्णता और पवित्रता की ओर अग्रसर होते हैं। हम सबसे अच्छा क्या कर सकते हैं ? अस्पताल बनवा सकते हैं, सड़कें बनवा सकते हैं अथवा अनाथालय खुलवा सकते हैं ! हम फंड में दो तीन लाख रुपया इकट्ठा कर सकते हैं, एक लाख से अस्पताल बनवा दें, दूसरे से नृत्य-पार्टी जुटवा कर मदिरा और आनंद में रुपये खर्च करें और तीसरे का आधा प्रबंधकों को खा जाने दें, और अब जो कुछ बाकी बचे वह गरीबों का हो; परंतु यह सब क्या है ? पाँच मिनट में आँधी का एक भयानक झोंका तुम्हारी बड़ी इमारतों को तहस-नहस कर सकता है ! तब क्या होगा ? भूचाल की एक ही हलचल में तुम्हारी सड़कें, अस्पताल, नगर, इमारतें, सब स्वाहा हो सकती हैं। संसार की भलाई करने की अबोध बात छोड़िये। उसे हमारी आपकी सहायता की दरकार नहीं; फिर भी हमें अनवरत कर्म करना चाहिये और शुभ कर्म करना चाहिये क्योंकि उससे हमारा भला होगा। यही एक मार्ग है जो हमें उन्नति की ओर ले जा सकता है। कोई भी भिखारी, जिसे हम एक छदाम देते हैं, उसके लिए हमारा देनदार नहीं होता। हम उलटे उसी के

देनदार हैं क्योंकि उसने अपने ऊपर हमें हमारे दया, सहानुभूति और परोपकार के भावों को चरितार्थ करने के लिए अवसर दिया। यह सोचना बिल्कुल ही भ्रम है कि हमने संसार का भला किया है अथवा कर सकते हैं। यह मिथ्या विचार है और मिथ्या विचारों से दुःख उत्पन्न होता है। हम सोचते हैं, हमने किसी की भलाई की है और उसके लिए वह हमें धन्यवाद दे; वह वैसा नहीं करता, तो हमें पछतावा होता है। जो कुछ हम करते हैं, उसके प्रतिफल की हम क्यों आशा करें ? जिसकी सहायता की है, उसके कृतज्ञ हो, उसे ईश्वर के समान जानो। अपने भाइयों की सहायता कर ईश्वर की उपासना करना, यह क्या हमारे लिये कम सौभाग्य की बात है ? यदि हम सचमुच अनासक्त हों तो मिथ्या प्रत्याशा के दुःख से छूट जाएं और संसार में प्रसन्न रह अच्छे कर्म कर सकें। अनासक्त हो कर्म करने से कभी भी दुःख-क्लेश न होगा। यह संसार अपने सुख-दुख के साथ अनंत काल तक यों ही रहेगा।

एक गरीब आदमी था, जो चाहता था धन मिले। कहीं उसने सुना कि यदि वह किसी प्रकार प्रेत को वश में कर ले, तो वह धन या जो भी चाहे, उससे मँगवा सकेगा। इसलिए उसे बड़ी इच्छा थी कि वह किसी प्रकार प्रेत वश में कर ले। वह ऐसे मनुष्य की खेज में निकला जो उसकी इस काम में सहायता कर सके। अंत में उसे एक बड़े योगी महात्मा मिले और उसने उनसे सहायता माँगी। महात्मा ने पूछा –"प्रेत का क्या करोगे ?" "मैं प्रेत से अपना काम कराऊँगा"–उसने उत्तर दिया; "कृपा कर बताइए, मैं कैसे उसे वश में करूँ। मुझे उसकी बहुत ही आवश्यकता है।" परन्तु महात्मा ने कहा–"इन झंझटों में न पड़ो। घर जाओ।" दूसरे दिन वह फिर उनके पास गया और रोने-धोने लगा–"कृपा कर मुझे प्रेत को वश में करना सिखा दीजिये। मुझे अपना काम कराने के लिए प्रेत की बहुत जरूरत है।" महात्मा ऊबकर बोले–"लो यह मंत्र; इसका जप करो। प्रेत तुम्हारे वश में हो जायेगा और उससे जो कुछ भी कहोगे, वह करेगा। परन्तु सावधान रहना; प्रेत को वश में रखना खेल नहीं। उसे सदा काम में लगाये रखना। वह खाली हुआ नहीं कि तुम्हारी जान पर बन आई।" उसने उत्तर दिया–"यह कौन-सी बड़ी बात है। मैं उसे इतने काम बताऊँगा कि वह जिंदगी भर न कर पायेगा।" इसके बाद वह एक घने जंगल में जाकर मंत्र जपने लगा; नियमित समय के पश्चात् एक उग्र रूप प्रेत प्रकट हुआ और अपने बड़े-बड़े दांत दिखाकर बोला–"मैं प्रेत हूँ। तुम्हारे मंत्र-बल से मैं तुम्हारे वश में हूँ। परंतु मुझे लगातार काम में लगाये रखना। जिस क्षण तुम काम न बता पाये, मैं तुम्हारी जान ले लूँगा।" उस आदमी ने कहा–"एक महल बनाओ।" प्रेत बोला–"अच्छा, लो यह महल तैयार है।" "मुझे खूब-सा धन ला दो"–फिर उसने कहा। प्रेत बोला–"लो यह धन।" ""यह वन सब जड़ से उखाड़कर उसकी जगह एक नगर बसा दो।" "यह भी हो गया"–प्रेत ने कहा, "और कुछ ?" अब वह आदमी डरा और मन में कहने लगा–"इसे और काम मैं नहीं बता सकता, पलक मारते तो यह

सब कर डालता है।'' प्रेत बोला—''कुछ काम जल्दी बताओ, नहीं तो मैं तुम्हें खाता हूँ।'' उस बेचारे को जब और काम न सूझा, तो वह बहुत घबराया और अंत में वहाँ से कसकर भागा। दौड़ते-दौड़ते वह उन्हीं महात्मा के पास आया और उनके चरणों में गिरकर बोला—''महात्माजी मेरे प्राण बचाइये।'' ''क्यों क्या हुआ ?''—उन्होंने पूछा, तो उसने उत्तर दिया—''अब प्रेत के लिए मेरे पास कोई काम नहीं। जो कुछ मैं उसे करने को कहता हूँ, वह पल भर में कर डालता है। अब कहता है, काम न मिलेगा तो खा डालूँगा।'' उसी समय वहाँ वह प्रेत भी आ पहुँचा और बोला—''मैं तुम्हें खाऊँगा।'' और वह शायद उसे खा भी डालता। परन्तु वह पुरुष महात्माजी के पैरों पड़ उनसे रक्षा करने के लिए गिड़गिड़ाने लगा। तब महात्माजी बोले—''मैं तुम्हें एक तरकीब बताता हूँ। वह देखो, टेढ़ी पूँछ का कुत्ता खड़ा हैं। जल्दी से तलवार निकाल उसकी पूँछ काट लाओ। प्रेत को उसे देकर कहो कि उसे सीधी करे।'' उस आदमी ने कुत्ते की पूछ काट ली और प्रेत को देकर बोला—''लो, इसे सीधी करो।'' प्रेत उसे ले धीरे-धीरे बड़ी होशियारी के साथ सीधा करने लगा, परंतु ज्योंही वह उसे छोड़ देता वह फिर पहले जैसी टेढ़ी-की-टेढ़ी हो जाती। उसने एक बार, दो बार, तीन बार और फिर सैकड़ों बार उसे सीधा करने की चेष्टा की परन्तु कुत्ते की पूँछ टेढ़ी-की-टेढ़ी रही। इसी तरह करते उसे न जाने कितने दिन बीत गये। यहाँ तक कि वह थक गया और बोला—''जिंदगी भर ऐसी मुसीबत में कभी नहीं पड़ा। मैं पुराना प्रेत हूँ, परन्तु ऐसा काम कभी नहीं करना पड़ा।'' ''आओ, हम-तुम सुलह कर लें''—वह उस आदमी से बोला, ''तुम मुझे जाने दो, जो कुछ मैंने तुम्हें दिया है, मैं वह सब तुम्हारे पास रहने दूँगा और वादा करता हूँ कि फिर तुम्हें कभी तकलीफ न पहुँचाऊँगा।'' यह सुन वह आदमी बहुत खुश हुआ और उसने प्रेत का सुलहनामा मजे में स्वीकार कर लिया।

यह दुनिया कुत्ते की टेढ़ी पूँछ है। मनुष्य उसे अपने-अपने ढंग से सीधा करने की युगों से चेष्टा करते आये हैं; परंतु जहाँ वह उनके हाथ से छूटी, वह फिर पहले की तरह टेढ़ी-की-टेढ़ी हो गई। परंतु इसके सिवा हो ही क्या सकता है ? जब मनुष्य अनासक्त हो कर्म करना सीख लेगा, तभी उसका अंध-विश्वास दूर होगा। जब हम जानते हैं कि दुनिया कुत्ते की पूँछ की तरह टेढ़ी ही रहेगी और हमारी इच्छानुसार सीधी न होगी तब हमें विश्वासांध न हो जाना चाहिये। अन्धविश्वासी अनेक प्रकार के होते हैं—सिगरेट-विरोधी, सुरा-विरोधी इत्यादि। इसी कक्षा में एक बार एक युवती थी; वह उन कतिपय स्त्रियों में से एक थी जिन्होंने शिकागो में मजदूरों के लिए एक भवन बनवाया है, जहाँ वे उनके लिए कुछ व्यायाम और संगीत का आयोजन करती हैं। एक दिन उस युवती से मेरी बातचीत हो रही थी; उसने कहा कि ''शराब, सिगरेट आदि सभी बुराइयों का मेरे पास इलाज है।'' मैंने उससे पूछा, ''क्या ?'' तो वह बोली—''तुम नहीं जानते ? वही मजदूर-भवन (Hall House) !'' उसके मत से

मनुष्य के सभी पापों के लिए वह भवन अचूक औषध था। हिन्दुस्तान में कुछ ऐसे अन्धविश्वासी हैं, जिनके विचार में यदि स्त्री को दो-तीन पति रखने का अधिकार दे दिया जाए, तो संसार की सब बुराई दूर हो जाए। यह सब अंधविश्वास है और बुद्धिमान् उससे दूर रहता है। अंधविश्वासी कभी वास्तविक कर्म नहीं कर सकता। संसार में अन्धविश्वास न हो तो आज की अपेक्षा वह तीव्रतर गति से उन्नति-पथ पर अग्रसर हो। अंधे होकर काम करने से संसार की उन्नति होगी, यह सोचना महा मूर्खता है। उल्टा उससे अवनति होती है क्योंकि अन्धविश्वास से राग-द्वेष जन्मते हैं; मनुष्य असहानुभूति-पूर्ण हो, एक-दूसरे से लड़ते हैं। हम सोचते हैं संसार में जो कुछ हमारे पास है, जो कुछ हम करते हैं, वही सबसे अच्छा है; जो हमार पास नहीं है अथवा जिसे हम करते नहीं, वह तुच्छ है। इसलिये अंधविश्वास जब दिमाग में घुसे, तब इस कुत्ते की टेढ़ी पूँछ का स्मरण कीजिये। संसार की भलाई की चिंता में खना-पीना छोड़ने की आव्श्यकता नहीं; तुम्हारे बिना भी वह चक्र चलता रहेगा। परमात्मा इस संसार का स्रष्टा और पालक है; सुरा-विरोधी, सिगरेट-विरोधी और अनेक प्रकार के विवाह-विरोधियों के होते हुए भी उसकी देख-रेख में यह अपनी गति से चला करेगा। जब तुम अंधविश्वास दूर कर दोगे, तभी तुम उचित रीति से काम कर सकोगे। शान्त प्रकृति हो सोच-समझकर काम करने वाला प्रेम और सहानुभूति से पूर्ण व्यक्ति ही भले कर्म करता है और इस प्रकार अपना भी भला करता है। अंध-विश्वासी असहृदय और मूर्ख होता है; न वह इस दुनिया को सीधी कर सकता है न स्वयं पवित्र और पूर्ण हो सकता है।

मे फ्लावर (May Flower) जहाज वाले अपने देशवासियों को ही आप देखिये। आरंभ में ये पवित्र और भले थे परंतु शीघ्र ही वे दूसरों पर अत्याचार करने लगे। मनुष्य जाति के इतिहास में सर्वत्र यही दशा है। अत्याचार से अपनी जान बचाकर जो भाग खड़े होते हैं, अवसर आते ही वे भी दूसरों पर अत्याचार करने से नहीं चूकते। मैंने दो अद्‌भुत जहाजों के विषय में पढ़ा है। पहला Noah's Ark (नोआ की नाव) और दूसरा May Flower (मे फ्लावर)। यहूदियों का कहना है कि नोआ की नाव से ही समय की सृष्टि हुई है और अमेरिका-निवासी कहते हैं कि आधे से अधिक संसार की उत्पति मे फ्लावर से हुई है। यह अन्य प्रकार का अंधविश्वास है। सौ में से नब्बे अंधविश्वासियों का जीवन बुरा होता है; उन्हें अजीर्ण या कोई-न-कोई रोग होता है। धीरे-धीरे डाक्टरों को भी इस अन्धविश्वास के रोग का पता लगेगा। मुझे उसका बहुत कुछ अनुभव है—ईश्वर रक्षा करे।

मेरे अनुभव का सार यह है कि अंध-सुधारों से हमें दूर रहना चाहिये। क्या तुम कह सकते हो कि सुरा के कट्टर विरोधी उन बेचारों को प्यार कर सकते हैं जो सुरापी हो जाते हैं ? उनकी कट्टरता इसलिये है कि उन्हें कुछ प्राप्ति होगी। जब युद्ध समाप्त हो जाता है, तो वे लूट के लिए निकलते हैं। जब कट्टरों का साथ छोड़ बाहर आओगे

तब तुम प्रेम और सहानुभूति करना सीखोगे। सुरापी को अपने समान मनुष्य जान उसके साथ सहानुभूति रखना तुम्हारे लिये सम्भव होगा। तुम्हें उन तमाम परिस्थितियों का ज्ञान होगा जिनसे उसे यह लत पड़ी है और तुम समझोगे कि उसकी जगह शायद तुम होते, तो आत्महत्या कर लेते। मुझे एक स्त्री का स्मरण है जिसका पति बड़ा मद्यपी है और वह मुझसे उसकी शिकायत करती थी। मुझे विश्वास है कि शराबियों की एक बड़ी संख्या का कारण उनकी स्त्रियाँ हैं। मेरा काम यहाँ सत्य कहना है न कि किसी की चापलूसी करना। वे अनियंत्रित स्त्रियाँ, जिनके मन से सहनशीलता का शब्द उखाड़कर फेंक दिया गया है, जो स्वतंत्रता के मिथ्या विचारों से प्रेरित यह कहती हैं कि वे पुरुषों को अपने पैरों तले रखना चाहती हैं, और जो पुरुषों के तनिक भी कुछ अप्रिय करने पर चीख-चिल्लाकर धरती सिर पर उठा लेती हैं, ऐसी स्त्रियाँ संसार का अभिशाप हो रही हैं; आश्चर्य यही है कि पुरुषों की आधी संख्या ने गले में फन्दा डाल अभी तक अपनी जान नहीं दे दी। ये स्त्रियाँ कुछ मरभुखे उपदेशकों को अपनी ओर मिला लेती हैं जो उनकी हाँ में हाँ मिलाकर कहते हैं—"देवियो, संसार की तुम श्रेष्ठ विभूति हो।" तब ये स्त्रियाँ ऐसे प्रत्येक उपदेशक के विषय में कहती हैं—"हमारा यही ठीक प्रचारक है" और वे उन्हें धन तथा अन्य वस्तुएँ देती हैं। दुनिया की गाड़ी इसी तरह चल रही है। जीवन ऐसा खेल नहीं; कुछ इससे अधिक गम्भीर, सोचने और समझने योग्य !

आज के व्याख्यान की ये मुख्य बातें आप लोगों के स्मरण के लिए हैं। पहले हमें इस बात का ध्यान रखना चाहिये कि हम दुनिया के देनदार हैं, दुनिया हमारी नहीं। हमारे लिये यह परम सौभाग्य की बात है, यदि हम उसके लिए कुछ कर सकते हैं। परोपकार में हमारी ही भलाई होती है। दूसरी बात ध्यान में रखने की यह है कि इस सृष्टि में एक ईश्वर है। यह सत्य नहीं कि पथभ्रष्ट संसार को तुम्हारी सहायता की आवश्यकता है। ईश्वर उसमें सदा विद्यमान है। वह अनवरत कर्म में लगा हुआ अमर है तथा उसे सभी का ध्यान रहता है। जब समस्त सृष्टि सोती है, तब वह सोता नहीं। वह अविराम कर्म करता है; संसार के आवर्तन-परिवर्तन उसी के हैं। तीसरे हमें किसी से घृणा न करनी चाहिये। संसार में सुख और दुख दोनों रहेंगे। हमारा कर्त्तव्य है कि हम निर्बल और पापी से भी सहानुभूति रखें। यह संसार चरित्र-गठन की एक महती व्यायामशाला है, जहाँ हम सभी को कसरत कर अधिकाधिक अध्यात्म-शक्ति-संपन्न होना है। चौथे हमें किसी प्रकार की भी कट्टरता अपने पास न फटकने देनी चाहिये। कट्टरता प्रेम की शत्रु है। आप लोगों ने कट्टर-पंथियों को कहते सुना होगा—"हम पापी से नहीं पाप से घृणा करते हैं"; परंतु उस मनुष्य का मुँह देखने के लिए जो सचमुच पाप और पापी में भेद कर सकता है मुझसे दुनिया के जिस ओर, जिस कोने चलने को कहिये, मैं चलने को तैयार हूँ। ऐसा कहने में कुछ नहीं लगता। यदि हम वस्तु और उसके गुणों में भली भाँति विभेद कर सकें, तो हम पूर्ण हो जाएं। ऐसा करना आसान नहीं। और इसके आगे यह कि हमें जितनी शांति होगी और हमारा चित्त स्थिर होगा, हम उतना ही प्रेम कर सकेंगे और कर्म उतना ही अच्छा होगा।

छठा अध्याय

पूर्ण आत्मत्याग ही अनासक्ति है

जिस प्रकार हमारे प्रत्येक कृतकर्म की प्रतिक्रिया लौटकर हमारे पास आती है, उसी प्रकार हमारे कर्मों की प्रतिक्रिया दूसरों पर और उनके कर्मों की हमारे ऊपर होती है। आप लोगों ने एक बात देखी होगी कि जो बुरे काम करते हैं, वे अधिक-से-अधिक बुरे काम करते जाते हैं और जो अच्छे काम करना आरम्भ करते हैं, वे अधिकाधिक शक्ति-सम्पन्न हो भलाई करना सीखते हैं। कर्म के प्रभाव के इस तरह घनीभूत होने का एक ही कारण हो सकता है, यह कि हमारे कर्मों की हम लोगों पर पारस्परिक प्रतिक्रिया होती है। विज्ञान से एक उदाहरण लीजिये। जब मैं कोई काम करता हूँ, तो मेरा मन उसी के अनुसार एक निश्चित सतह पर रहता है। और जितने भी मन उस सतह पर होंगे, मेरी क्रियाओं से प्रभावित हो सकेंगे। किसी कमरे में विभिन्न वाद्य-यंत्र एक ही स्वर पर चढ़ाकर रखे जाए, तो आप लोगों ने देखा होगा, एक के छेड़े जाने पर अन्य सब भी वही झंकार देने के लिए स्पंदित-से होने लगेंगे। ऐसे ही इस उदाहरण में यह देखा जा सकता है कि यंत्रों में समान खिंचाव था और एक भावना से वे सभी प्रभावित हुए। सभी मन मानो एक स्वर तक खींचे जाकर एक विचार से समान रूप से प्रभावित होंगे। देश काल आदि के कारण विचार के प्रभाव में विभिन्नता अवश्य होगी परन्तु मन के प्रभावित होने की सदा सम्भावना रहती है। मान लीजिये मैं कोई दुष्कर्म कर रहा हूँ। मेरा मन स्पंदन की एक सतह पर है; संसार के अन्य मन जो उस सतह पर हैं, मेरे स्पंदनों से प्रभावित हो सकते हैं। ऐसे ही जब कोई अच्छा काम करता हूँ तो मेरा मन स्पंदन की एक सतह पर रहता है; उसी खिंचाव के अन्य मन मेरे मन से प्रभावित हो सकते हैं। मन का यह मन पर प्रभाव मानसिक आकर्षण की घटती-बढ़ती के अनुसार न्यूनाधिक होता है।

इस उदाहरण को थोड़ा और आगे बढ़ाने पर यह नितान्त संभव जान पड़ता है कि जिस प्रकार प्रकाश की लहरें लाखों वर्ष चलकर किसी वस्तु से टकरा सकती हैं, उसी प्रकार विचार-लहरियाँ सैकड़ों वर्ष चलने के बाद किसी ऐसे पदार्थ से मिलें, जो उनके समान स्पंदन करे। अतः यह भी सम्भव है कि हमारा वायु-मंडल पाप और

पुण्य दोनों के विचार-स्पंदन से पूर्ण हो। जब कोई बुरा काम करता है, तो उसका मन स्पंदन की एक निश्चित सतह पर आता है; उस स्पंदन-क्रिया से समानता रखने वाली जितनी भी लहरें वायु-मंडल में होंगी, वे उसके मन में हठात् प्रवेश पाने की चेष्टा करेंगी। यही कारण है कि पापी अधिकाधिक पाप करता जाता है। उसकी क्रियाएं घनीभूत हो जाती हैं। यही हाल पुण्यात्मा का होता है। वायु-मडंल में जितनी भी अच्छी लहरें होंगी, उनसे प्रभावित होने के लिए उसका मन खुला रहेगा और उसके शुभकर्म घनीभूत होंगे। बुरे काम करने से दुगनी हानि होती है; वायु-मंडल में छाई बुराइयों के प्रवेश के लिए हम अपने मन का दरवाजा खोल देते हैं; दूसरे हम और भी बुराई को जन्म देते हैं जिसका दूसरों पर प्रभाव पड़ेगा। हो सकता है, हमारे विचारों से सौ वर्ष बाद लोग प्रभावित हों। बुराई से हम अपना-पराया दोनों का नुकसान करते हैं। भलाई से हमारी और दूसरों की भी भलाई होती है; और मनुष्य की अन्य शक्तियों की भाँति ये पाप-पुण्य की शक्तियाँ भी बाहर से खुराक पाती हैं।

कर्मयोग के अनुसार एक बार किया कर्म बिना फल दिये नष्ट नहीं हो सकता; प्रकृति की कोई भी शक्ति उसे अपना फल देने से रोक नहीं सकती। यदि मैंने पाप किया है, तो मुझे उसका फल भोगना ही पड़ेगा; सृष्टि में ऐसी शक्ति नहीं जो उसे रोक सके। इसी प्रकार यदि मैंने कोई पुण्य-कर्म किया है तो कोई भी शक्ति उसे उसके शुभ फल देने से रोक नहीं सकती। कर्म का फल होना ही चाहिये; इस नियम में कोई बाधा नहीं दे सकता। अब कर्मयोग-संबन्धी एक विचारणीय विषय आता है। हमारे इन शुभाशुभ कर्मों का घनिष्ठ पारस्परिक संबन्ध है। उनके बीच रेखा खींच हम नहीं कह सकते, यह पूर्णरूप से शुभ है, वह पूर्णरूप से अशुभ। ऐसा काई कर्म नहीं जिसके शुभ और अशुभ दोनों प्रकार के फल न होते हों। उदाहरण सामने है; मैं आप लोगों से कुछ कह रहा हूँ, और शायद आपमें से कुछ सोचते हों कि मैं अच्छा कर रहा हूँ; साथ ही मैं शायद वायु-मंडल में व्याप्त सहस्रों जीवाणुओं का नाश भी कर रहा हूँ; इस प्रकार किसी के लिए मैं बुरा भी कर रहा हूँ। मनुष्य का कोई ऐसा कर्म नहीं हो सकता जो नितांत शुभ किंवा अशुभ हो। जब कर्म हमारे समीप होता है और जिन्हें हम जानते हैं, उन पर उसका अच्छा प्रभाव पड़ता है, तो हम उसे अच्छा कहते हैं। उदाहरण के लिए आप लोग मेरे बोलने को अच्छा कह सकते हें, परन्तु जीवाणु नहीं; आपलोग अपने आपको देख सकते हैं, जीवाणुओं को नहीं। मेरे बोलने का आप पर कैसा प्रभाव पड़ता है, यह आप लोग देख सकते हैं, परंतु जीवाणुओं पर उसका कैसा प्रभाव पड़ता है, यह आप नहीं देख सकते। इसी भाँति अपने बुरे कर्मों की छानबीन करें तो देखेंगे कि कहीं न कहीं उनके परिणाम में भी भलाई छिपी है। ''जो अच्छे कर्म में जानता है कि कहीं बुराई हैं और बुरे कर्म में जानता है कि कहीं अच्छाई है, वह कर्म का रहस्य जान चुका।''

इस सबसे क्या परिणाम निकलता है ? यह कि हम लाख चेष्टा करें परंतु

नितांत शुभ या अशुभ कोई कर्म नहीं हो सकता, शुभ और अशुभ से हिंसात्मक और अहिंसात्मक का अर्थ लगाते हुए। बिना हिंसा के खाना-पीना साँस लेना भी असंभव है; बिना दूसरे का भेजन छीने हम अपना पेट नहीं भर सकते। हमारे जीवन मात्र से अन्य जीवन संकुचित होते हैं। भगवद्गीता का ऐसा ही कहना है। चाहे मनुष्य हों, चाहे पशु, चाहे क्षुद्र जीवाणु, इनमें से किन्हीं को हटाकर ही हम अपने लिये स्थान बना सकते हैं। जब पाप-पुण्य का यह हिसाब है तो यह स्वतः सिद्ध है कि कर्म में अहिंसात्मक पूर्णता कभी प्राप्त नहीं हो सकती है। अनंत काल तक हम कर्म करते रहें परंतु इन भूल-भुलैयों से निकल न पावेंगे। तुम कर्म करते रहो; दिन-रात, साँझ-सवेरे, अविराम, बिना विश्राम, कर्म करते रहो परंतु कर्म-फल में शुभाशुभ के अन्योन्याश्रित संबन्ध का कहीं अंत न होगा।

दूसरी बात सोचने की यह है, कर्म का अंत क्या है ? प्रत्येक देश में हम देखते हैं, ऐसे लोगों की एक बड़ी संख्या होती है, जिनका विश्वास होता है कि एक ऐसा समय आयेगा जब संसार में रोग, शोक, मृत्यु आदि किंचित् मात्रा में भी कहीं कुछ न होंगे। यह बहुत सुन्दर विचार है, अज्ञानियों को शुभ-कर्म करने के लिए प्रेरित करने को अच्छा बहाना है; परंतु यदि क्षण भर भी विचार करें, तो हम देखेंगे कि ऐसा हो सकना नितान्त असंभव है। कैसे हो सकता है, जब शुभ और अशुभ एक ही मुद्रा के चित्तपट्ट हैं ? बिना अशुभ के शुभ का अस्तित्व कैसे संभव है ? पूर्णता का क्या अर्थ है ? पूर्ण जीवन विरोधाभास है। जीवन हमारे और बाह्य प्रकृति के बीच निरंतर संग्राम की दशा का नाम है। प्रत्येक क्षण हम इस युद्ध में लगे रहते हैं; हारे तो जान से ही हाथ धोना पड़ा। उदाहरण के लिए भोजन-वायु के लिए निरंतर संग्राम करना होता है। भोजन-वायु न मिले तो, हम मर जाएं। जीवन एक सरल अमल प्रवाह नहीं; वह मिश्रित परिणाम है। आंतरिक और बाह्य के पारस्परिक संघर्ष का नाम जीवन है। अतः यह स्वयंसिद्ध है कि जब यह संघर्ष न होगा, तब यह जीवन भी न होगा।

आदर्श सुख का यह अर्थ होता है कि उसके प्राप्त होने पर इस संघर्ष की दशा का अंत हो जाएगा; परंतु तब जीवन का भी अंत हो जावेगा। संघर्ष का तभी अंत हो सकता है जब जीवन का भी अंत हो गया हो। इसके पश्चात् हमारे इस आदर्श-सुख का सहस्रांश भी पाने के पूर्व यह पृथ्वी बहुत कुछ ठंडी हो चुकेगी और हम लोग न होंगे। अतएव यह आदर्श-सुख का राम-राज्य इस संसार में संभव नहीं, अन्यत्र जहाँ भी संभव हो। हम यह देख चुके हैं कि परोपकार से हम अपना उपकार करते हैं। परोपकार का मूल प्रभाव अपने आपको पवित्र करना होता है। बार-बार दूसरों का उपकार कर अपने आपको भूल जाने का महान् पाठ हमें सीखना है। मनुष्य मूढ़ता वश सोचता है कि वह सुखी हो सकता है; वर्षों के संग्राम के पश्चात् उसे पता चलता है कि सच्चा सुख स्वार्थ-त्याग में है तथा उसे उसके अतिरिक्त दूसरा सुखी नहीं बना सकता। दया, उदारता, सहानुभूति परोपकार का छोटा-सा भी काम हमें

अपने आपको भूलने में सहायता देता है, हम अपने आपको सबसे छोटा और अगण्य समझते हैं; इसलिये वह अच्छा कर्म है। यहाँ हम देखते हैं कि ज्ञान, भक्ति और कर्म—तीनों एक ही ध्येय पर आकर मिलते हैं। अखण्ड अनंत आत्म-त्याग का आदर्श ही सर्वोच्च आदर्श है, जहाँ मैं का नाश ह,ो केवल तू रहता है; और मनुष्य जाने चाहे न जाने, कर्म द्वारा भी वह वहाँ पहुँचता है। अव्यक्तिगत ईश्वर के विचार से धर्मोप-देशक घबरा सकता है; वह व्यक्तिगत ईश्वर की सत्ता पर जोर दे, और अपने व्यक्तित्व, अपनी एकता, जो भी उसका अर्थ हो, को वह इसी भाँति स्थिर रखना चाहे। परंतु उसके धर्माचरण के विचार यदि वे अच्छे हैं, तो अवश्य आत्म-त्याग पर निर्भर होंगे। सभी सदाचार की यह भित्ति है; मनुष्य, पशु, देवता, किसी के भी संबंध में हो, आचरण का यही मूलाधार है।

संसार में आपको अनेक कोटि के पुरुष मिलेंगे। पहले वे देव-पुरुष जिनका आत्म-त्याग पूर्ण है, जो जीवन देकर दूसरे का भला ही करेंगे। ये उत्तम कोटि के पुरुष हैं; यदि ऐसे सौ भी किसी देश में हों तो उसे हताश होने की आवश्यकता नहीं। परन्तु अभाग्यवश वे बहुत थोड़े हैं। इसके पश्चात् वे पुरुष हैं जो परोपकार करते हैं किन्तु तभी तक जब तक उनकी स्वार्थहानि नहीं होती। निकृष्ट कोटि के पुरुष वे हैं जो अपना भला और दूसरों का बुरा चाहते हैं। एक संस्कृत कवि के अनुसार चौथी अनाम कोटि के वे हैं जो केवल बुराई के लिए दूसरों का बुरा चेतते हैं। जिस प्रकार एक छोर पर वे देव-पुरुष हैं जो भलाई के लिए ही भलाई करते हैं, दूसरे छोर पर वे हैं जो बुराई के लिए बुराई करते हैं। उससे उन्हें कुछ मिलता नहीं, परन्तु ऐसा करना उनका स्वभाव है। अपने कवि के अनुसार अतः यह स्पष्ट है कि जो स्वार्थ का ध्यान न रख दूसरों का उपकार करता है, जो आत्मत्याग की सर्वोच्च दशा को पहुँच गया है, वही वास्तव में श्रेष्ठ पुरुष है।

मैं आपके सामने दो संस्कृत के शब्द रखता हूँ, प्रवृत्ति और निवृत्ति। प्रवृत्ति का अर्थ है किसी की ओर जाना, निवृत्ति का उससे दूर होना। प्रवृत्ति ही यह मैं, तुम का संसार है। उसके अन्तर्गत धन, शक्ति, यश आदि वस्तुएँ हैं जो 'मैं' में केंद्रीभूत हो उसे जकड़ लेती हैं। प्रवृत्ति मनुष्य की स्वाभाविक वृत्ति है; सब तरफ से सब चीजें घसीटकर वह उन्हें अपने प्रिय 'अहं' के पास जमा करता है। जब यह वृत्ति टूटने लगती है तथा निवृत्ति का, वस्तुओं से दूर हटना आरम्भ होता है, तभी धर्म और आचार का भी आरम्भ होता है। प्रवृत्ति और निवृत्ति कर्म में स्वभाव-जन्य हैं, प्रवृत्ति अशुभ तथा निवृत्ति शुभ है। धर्म और आचार की मूलाधार यही निवृत्ति है; उसकी पूर्णता पूर्ण आत्म-त्याग, परोकार के लिए जीवन तक देने की तत्परता है। जब मनुष्य उस दशा को पहुँच जाता है, तब वह कर्म-योग का आदर्श पा जाता है। शुभ कर्मों का यह सर्वोत्कृष्ट फल है। मनुष्य ने एक भी दर्शन-ग्रन्थ खोलकर न देखा हो, ईश्वर में उसे न आज विश्वास हो न पहले कभी रहा हो, जीवन में एक बार भी ईश्वर की

उपासना करने वह न बैठा हो, परन्तु शुभ-कर्मों के प्रताप से यदि वह उस दशा को पहुँच गया है, जहाँ वह अपना तन, मन, धन, सभी दूसरों के लिए दे सकता है, तो वह उसी लक्ष्य को पहुँचा जहाँ ज्ञानी अपने ज्ञान द्वारा तथा भक्त अपनी भक्ति द्वारा पहुँचेगा; और इस भाँति आप देखेंगे कि ज्ञानी, भक्त, कर्मयोगी तीनों इसी आत्म-त्याग के केंद्र पर आकर मिलते हैं। हमारे धर्म और दर्शन-संबन्धी विचार कितने ही भिन्न क्यों न हों, हमारे शीश उस व्यक्ति के आगे श्रद्धा और भक्ति से झुक जाते हैं जो दूसरों के लिए अपना जीवन तक देने के लिए तैयार रहता है। यहाँ धर्म-संप्रदाय का प्रश्न नहीं उठता; धर्म के विरोधी तक आत्म-त्याग का ऐसा कार्य देख यह अनुभव करते हैं कि उन्हें उसकी श्रद्धा करनी चाहिए। आपने किसी कट्टर-से-कट्टर ईसाई को नहीं देखा, एडविन अर्नाल्ड की लाइट आफ एशिया (बुद्धचरित) पढ़ते समय उसका हृदय बुद्ध के प्रति श्रद्धा से भर जाता है, जिसने किसी ईश्वर का प्रचार नहीं किया, जिसने आत्म-त्याग छोड़ किसी धर्म का प्रतिपादन नहीं किया ? कट्टर व्यक्ति केवल यह नहीं जानता कि उसके जीवन का ध्येय वही है जो उनके जीवन का है, जिनका वह विरोध करता है। भक्त अपने चारों ओर भक्ति का वायुमंडल बना ईश्वर का ध्यान करता हुआ उसी लक्ष्य पर पहुँच कर कहता है, "तेरी इच्छा पूर्ण हो," और अपने लिये कुछ नहीं रखता। वह आत्म-त्याग है। ज्ञानी अपने ज्ञान द्वारा देखता है कि यह अहंभाव मिथ्या है, और उसे वह तुरंत तज देता है; वह भी आत्म-त्याग है। अतएव कर्म, भक्ति और ज्ञान का यह मिलन-केंद्र है। पुराने ऋषियों की उक्तियों का यही अर्थ था जब उन्होंने कहा था, ईश्वर यह संसार नहीं। संसार अन्य वस्तु है, ईश्वर अन्य; यह विभेद सच्चा है। संसार से उनका अर्थ स्वार्थ से था। स्वार्थ-हीनता ईश्वर है। स्वर्ण-सिंहासन पर बैठा हुआ सम्राट् गगन-चुम्बी प्रासादों की माया में आवृत भी त्यागी हो ईश्वर में लीन हो सकता है। अन्य पुरुष चाहे वन की कंदरा में लँगोटी लगाकर रहे, किंतु यदि वह स्वार्थी है, तो माया के बंधनों में जकड़ा हुआ है।

अपने मुख्य प्रश्नों में से एक पर फिर लौटकर हम कह सकते हैं कि बिना अशुभ के हम शुभ कर्म नहीं कर सकते, न बिना शुभ के अशुभ। यह जानते हुए हम कैसे कर्म कर सकते हैं ? इसी कारण संसार में कुछ ऐसे संप्रदाय हुए हैं जिन्होंने आश्चर्यजनक तर्क-प्रणाली का अनुसरण करते हुये संसार से छुटकारा पाने का केवल एक मार्ग बताया है—धीरे-धीरे आत्मघात ! यदि मनुष्य जियेगा तो पशु, पौधों अथवा अन्य किसी की उसके द्वारा हिंसा होगी ही; इसलिये उनके अनुसार मुक्ति केवल अपने प्राण देने से ही हो सकती है। जैनियों ने इस सिद्धांत को आदर्श मान उसका प्रचार किया है। बात तर्क-संगत लगती है, परंतु समस्या का ठीक उत्तर गीता में है—अनासक्ति, कर्म करते समय फल में निर्लिप्त। यह जानना कि तुम संसार से परे हो; संसार में रहते हुए भी कर्म करना परंतु अपने लिये कुछ न करना। अपने लिये तुम जो भी कर्म करोगे, उसका फल तुम्हें भोगना पड़ेगा। शुभ कर्म होगा तो शुभ,

अशुभ होगा तो अशुभ। परंतु अपने लिये न किया हुआ कोई भी कर्म तुम पर शुभ या अशुभ प्रभाव न डाल सकेगा। इसी विचार को लिये हुए हमारे शास्त्रों का एक अत्यंत सार-गर्भित वाक्य है–"चाहे वह संसार का नाश कर दे, (चाहे वह स्वयं नष्ट हो जाय), परंतु यदि वह जानता है कि वह अपने लिये कुछ नहीं कर सकता, तो वह न नाश करता है, न नष्ट होता है।" इसलिये कर्मयोग कहता है–"संसार छोड़ मत भागो; संसार में रहो और यथासंभव उससे प्रभावित हो; परंतु अपने सुख के लिए कोई कर्म न करो।" तुम्हारा ध्येय सुख न होना चाहिये। पहले 'अहं' का नाश करो, फिर सारे संसार को अपना आप समझो; जैसा कि पुराने ईसाई कहा करते थे, "वृद्ध को मर जाने दो।" यह वृद्ध पुरुष वही स्वार्थी विचार है कि यह संसार हमारे सुख के लिए बना है। मूर्ख माता-पिता अपनी संतान को सिखाते हैं–"हे ईश्वर, तूने हमारे लिये सूर्य बनाया है, चंद्रमा बनाया है," जैसे ईश्वर को बच्चों के लिए सूर्य-चंद्रमा बनाने के सिवा दूसरा और काम न था। अपने बच्चों को ऐसी अनर्गल बातें न सिखाइये। इसके पश्चात् और लोग दूसरी प्रकार के मूर्ख हैं। वे कहते हैं कि पशु हमारे मारने-खाने के लिए बनाये गए हैं तथा यह संसार हमारे सुख-भोग के लिए है। यह सब वज्र मूर्खता है। बाघ भी कह सकता है–"मनुष्य मेरे भोजन के लिए बनाया गया है" और प्रार्थना कर सकता है–"हे ईश्वर, ये मनुष्य कितने दुष्ट हैं जो चुपचाप मेरे पास नहीं चले आते, जिससे मैं उन्हें अपना भोजन बना सकूँ; वे तेरे नियमों को तोड़ रहे हैं।" यदि संसार हमारे लिये है, तो हम भी संसार के लिए हैं। संसार हमारे सुख के लिए बना है, यह विचार हमारी उन्नति का सबसे अधिक बाधक है। संसार हमारे लिये नहीं; लाखों प्रतिवर्ष इसमें आते हैं और चले जाते हैं; संसार को इसके लिए सुख-दुख नहीं होता। जितना संसार हमारे लिये है, उतना हम भी संसार के लिए हैं।

उचित रीति से कर्म करने के लिए तुम्हें पहले अपने आसक्ति के विचारों को छोड़ना होगा। दूसरे संघर्ष में घुल-मिल न जाओ, वरन् साक्षी बनकर कर्म करो। मेरे गुरु कहा करते थे–"अपने बच्चों की तरफ ऐसे देखो जैसे धाय देखती है।" धाय तुम्हारे बच्चे को ऐसे पुचकारे, खिलाये और प्यार करेगी जैसे वह उसी का बच्चा हो; परन्तु तुमसे जवाब मिलते ही वह अपना बोरिया-बंधन समेट घर जाने को तैयार हो जायेगी। आसक्ति की बातें भूल जाती है; साधारण धाय को तुम्हारे बच्चे छोड़ दूसरे के बच्चों को खिलाते तनिक भी दुख न होगा। इसी भाँति तुम जिन्हें अपना कहते हो, उनके प्रति तुम्हारा ऐसा व्यवहार होना चाहिये। तुम धाय हो और यदि ईश्वर में विश्वास करते हो तो समझो, जो कुछ भी तुम्हारा है, वह ईश्वर का है। सबसे बड़ी निर्बलता बहुधा पहले भलाई और सबलता का रूप धारण कर आती है। यह सोचना निर्बलता है कि मेरा कोई आश्रित है तथा मैं दूसरे का भला कर सकता हूँ। यह अभिमान ही हमारी सभी आसक्तियों का मूल है, और इन्हीं आसक्तियों के कारण हमें

दुख झेलने पड़ते हैं। हमें अपने मन में भली-भाँति समझ लेना चाहिये कि यहाँ हमारा कोई आश्रित नहीं; एक भी भिक्षुक हमारी दया पर, एक भी प्राणी हमारी उदारता पर निर्भर नहीं; हमारे परोपकार का कोई भी भूखा नहीं। प्रकृति सबकी देखभाल करती है और जब हम न होंगे तब भी करती रहेगी। हमारे-तुम्हारे लिये संसार की गति नहीं रुकती; जैसा कि पहले कह चुका हूँ, यह हमारे लिये सौभाग्य की बात है जो अपनी भलाई के लिए हम दूसरों का उपकार कर सकते हैं। जीवन का यह महान् पाठ है जिसे हमें सीखना है; जब हम उसे सीख लेंगे तो हम दुखी न रह सकेंगे। बिना भय हम समाज में यत्र, तत्र, सर्वत्र घूम फिर सकेंगे। तुम्हारे स्त्रियाँ हों, स्त्रियों के पति हों; चाकरों की सेना की सेना तुम्हारे पास हो, बड़े-बड़े राज्यों पर तुम्हें शासन करना हो; यदि तुम इस सिद्धांत को मान काम करो कि संसार तुम्हारे लिये नहीं तथा उसे तुम्हारी ऐसी आवश्यकता नहीं जो तुम्हारे बिना उसका काम न चले, तो उन सबसे तुम्हारी कोई हानि नहीं हो सकती। इसी वर्ष आपके कुछ मित्रों का देहावसान हुआ होगा। क्या उनकी प्रतीक्षा करने के लिए संसार का क्रम रुक गया है ? क्या उसकी गति में किसी तरह की बाधा पड़ी है ? नहीं, उसकी वही रफ्तार है। इसलिये इस क्षुद्र विचार को मन से झाड़कर निकाल दो कि तुम्हें संसार का उपकार करना है; संसार को तुम्हारी सहायता की आवश्यकता नहीं। किसी मनुष्य के लिए यह सोचना कि वह संसार को उबारने के लिए पैदा हुआ है, महा जड़ता है; केवल मिथ्याभिमान, धर्म के आवरण में क्षुद्र स्वार्थ है। जब तुम्हारे तन और मन को यह अनुभव करने का अभ्यास हो जाएगा कि संसार तुम्हारे या अन्य किसी के ऊपर निर्भर नहीं, तब दुःख-मूलक कर्म की कोई प्रतिक्रिया न होगी। जब बिना बदले की आशा किये किसी को तुम कुछ दोगे—उससे कृतज्ञता की भी आशा न रखोगे—तब उसकी अकृतज्ञता का तुम्हारे ऊपर कोई प्रभाव न पड़ेगा, क्योंकि बदले में तुम्हें कुछ मिलने की चाह न थी, यह न सोचा था कि बदले में कुछ पाने का तुम्हें अधिकार है। वह जिसके योग्य था, वही तुमने उसे दिया; उसके कर्म ने उसे उपार्जित किया; अपने कर्म के कारण तुम हेतु-मात्र हुए। कुछ देकर तुम्हें गर्व करने का क्या अधिकार है ? उस दान के तुम उपकरण भर थे; संसार के कर्म का वह उचित फल उसे मिला। तब गर्व करने का क्या कारण हो सकता है ? संसार को तुम जो कुछ देते हो, वह सविशेष महान् नहीं। जब अनासक्ति की भावना तुम्हारे भीतर जाग्रत होगी, तब तुम्हारे लिये न शुभ होगा न अशुभ। स्वार्थ ही शुभ-अशुभ का भेद-भाव करता है। यह समझना अत्यन्त कठिन है परन्तु समय पाकर आप देखेंगे कि संसार की कोई भी वस्तु आपको प्रभावित नहीं कर सकती जब तक कि आप ही उसे वैसा न करने दें। मनुष्य की आत्मा पर कोई हठात् प्रभाव नहीं डाल सकता जब तक वह स्वयं अंध हो अपनी स्वतन्त्रता न खो दे। अनासक्ति द्वारा तुम बाह्य शक्तियों का अवरोध कर अपने आपको उनसे प्रभावित होने से बचाते हो। यह कहना अत्यन्त सरल है, जब तक तुम

न चाहो, तुम किसी वस्तु से प्रभावित न होगे; परन्तु उस मनुष्य की क्या सच्ची पहचान है जो किसी वस्तु की प्रतिक्रिया अपने ऊपर नहीं होने देता, बाह्य संसार के व्यवहार से जिसे न सुख होता है न दुख ? पहचान यह है कि उसके मन में कोई परिवर्तन नहीं होता, चाहे एक पहाड़ उसके ऊपर टूटकर उसके टुकड़े-टुकड़े कर दे, चाहे उसके सामने सर्वाधिक आह्लादवर्धक दृश्य उपस्थित हों और उसकी सर्व-प्रिय वस्तुएँ उसे मिल जायें। सभी दशाओं में वह अविचलित, समान रहता है।

भारतवर्ष में एक बड़े ज्ञानी थे, व्यास मुनि। ये व्यास वेदान्त सूत्रों के रचियता माने जाते हैं; वे पवित्र पुरुष थे। उनके पिता ने पूर्णता प्राप्त करने की चेष्टा की थी, परन्तु असफल रहे थे। उनके पितामह भी चेष्टा कर असफल रहे थे। उनके प्रपितामह भी इसी भाँति असफल रहे थे। वे स्वयं भी पूर्ण-रूप से सफल नहीं हुए; परन्तु उनके पुत्र शुक पूर्ण उत्पन्न हुए। व्यास ने शुक को शिक्षा दी और अपना सत्य का ज्ञान देकर उन्हें जनक के यहाँ भेजा। जनक एक बड़े सम्राट् थे और विदेह कहलाते थे। विदेह का अर्थ है देह से बाहर। यद्यपि वे सम्राट थे तथापि वे यह भूल गये थे कि वे शरीर थे; वे सब काल यह समझते थे कि वे आत्मा हैं। शुक उनके पास ज्ञान पाने के लिए भेजे गये। जनक जान गये कि व्यास-पुत्र शुक उनके पास ज्ञान के लिये आ रहे हैं; इसलिये उन्होंने अनेक प्रकार के प्रबन्ध पहले ही कर दिये। जब राजभवन के द्वार पर बालक शुक आकर खड़े हुए, तो प्रहरियों ने उनकी ओर तनिक भी ध्यान न दिया। उन्होंने केवल उनके लिए एक आसन डाल दिया जिस पर वे तीन दिन-रात बैठे रहे, न किसी ने पूछा, कहाँ से आये हो, कहाँ जाओगे, न किसी तरह की बात की । वह एक महर्षि की सन्तान थे; उनके पिता का सारा देश सम्मान करता था, और स्वयं भी वे अत्यन्त श्रद्धास्पद थे; फिर भी क्षुद्र राज-प्रासाद के द्वारपालों ने उनका तनिक भी आदर न किया। इसके पश्चात् सहसा राजा के मन्त्री और बड़े-बड़े पदाधिकारी आये, बड़े समारोह और सत्कार के साथ वे शुक को भीतर लिवा ले गये। वे उन्हें प्रासाद के सुन्दर से सुन्दर कक्षों में ले गये; सुगन्धित द्रव्यों से स्नान करा पट्टांशुक उन्हें पहनने को दिये; इस भाँति आठ दिन तक उन्होंने उन्हें राज-वैभव और विलास का केंद्र बना रखा। शुक की गम्भीर प्रशांत मुद्रा में इस व्यवहार से तनिक भी भंगिमा न दिखाई दी—जैसे द्वार पर कोने में वह बैठे थे, वैसे ही यहाँ सर्व-सम्मानित कक्ष में भी। तत्पश्चात् वे सम्राट् के पास लाये गये। सम्राट् सिंहसनासीन थे; वाद्य और संगीत के साथ नृत्य तथा अन्य आमोदों का भी क्रम वहाँ अबाध चल रहा था। सम्राट् ने तब उन्हें एक दूध से भरा पात्र दिया और बिना कुछ बूँद भी छलकाये सभा-भवन की सात बार परिक्रमा करने के लिए कहा। बालक शुक ने वह ओठों तक भरा पात्र ले लिया और सुन्दर मुखाकृतियों से घिरे नृत्य और संगीत के बीच सभाभवन में चलने लगे। जैसा सम्राट् ने कहा था, सात बार वह परिक्रमा कर आये और दूंध का एक बूँद भी न छलका। उनका मन ऐसा था कि इच्छा के

प्रतिकूल किसी वस्तु का भी उस पर प्रभाव न पड़ सकता था। जब दूध का पात्र ले शुक जनक के पास पहुँचे, तो उन्होंने कहा–"तुम्हें जो तुम्हारे पिता ने सिखाया है और जो तुमने स्वयं सीखा है, मैं उसे केवल दोहरा सकता हूँ; तम पूर्ण ज्ञानी हो; अब घर जाओ।"

इस प्रकार जिसने अपने आपको वश में कर लिया है, वह संसार की अन्य किसी वस्तु से प्रभावित नहीं हो सकता। उसके लिए अब परतंत्रता नहीं। उसका मन अब स्वतंत्र है; ऐसा ही व्यक्ति इस संसार में रहने योग्य है। संसार के विषय में बहुधा दो मत वाले लोग दिखाई पड़ते हैं। कुछ निराशावादी होते हैं और कहते हैं–"संसार कितना कठोर, कितना दुःख से भरा है"; अन्य आशावादी होते हैं और कहते हैं–"यह संसार कितना सुन्दर है, कितना सुखों से पूर्ण !" जिन्होंने अपने आपको वश में नहीं किया, उनके लिए यह संसार या तो दुख से भरा है अथवा अधिक-से-अधिक सुख-दुख का मिश्रण है। जब हम अपने मन के बादशाह हो जायेंगे, तो हमें सारा संसार आशावादी दिखाई देने लगेगा। हम पर शुभ या अशुभ कहकर प्रभाव डालने वाली कोई वस्तु न रह जाएगी; प्रत्येक वस्तु हमें अपने उचित स्थान पर दिखाई देगी, संसार-यंत्र में कहीं भी संघर्ष न दिखाई देगा। कुछ मनुष्यों ने पहले उसे नरक कहा परंतु अंत में वे ही अपने मन को वश में कर चुकने पर बोले–"नहीं, संसार स्वर्ग है।" यदि हम सच्चे कर्मयोगी हैं और इस दशा तक पहुँचने के लिए अभ्यास करना चाहते हैं, तो हम कहीं से भी आरम्भ करें, हम अवश्य अंत में इस आत्म-त्याग के लक्ष्य को पहुँचेंगे। जब माया का 'अहं' चला जायेगा, तब यह संसार जो दुख और पाप से भरा दिखाई देता है, पुण्य और आनंद से पूर्ण जान पड़ेगा। उसका वायुमंडल पुण्यमय होगा और प्रत्येक मुख पर शुभ की छाप होगी। कर्मयोग का ऐसा ध्येय है, उसके द्वारा कर्म-लीन जीवन की ऐसी पूर्णता है। हमारे विभिन्न योग परस्पर विरोधी नहीं; प्रत्येक हमें उसी शुभ के लक्ष्य पर ले जाता है और हमें पूर्ण बनाता है; केवल प्रत्येक कठोर अभ्यास माँगता है। रहस्य इसी अभ्यास में है; प्रत्येक योग के लिए यह सत्य है। पहले उसके विषय में सुनो और समझो कि वह क्या है। बहुत-सी बातें जो पहले समझ में न आएंगी, पीछे बार-बार सोचने और सुनने से आ जायेंगी। सभी बातें एकाएक सुनकर समझ लेना संभव नहीं। आखिर उन सबकी व्याख्या तुम्हारे भीतर ही तो है। वास्तव में कोई किसी से सीखता नहीं, हम सबको अपने आप सीखना होता है। बाह्य गुरु केवल संकेत देता है जिससे अंतर्गुरु ज्ञान में सचेष्ट होता है। हमारे ही सोचने-समझने से वस्तुएँ अपने वास्तविक रूप में हमारे सामने आवेंगी और हमें सत्य की आध्यात्मिक अनुभूति होगी। यह अनुभूति महती मनःशक्ति का रूप धारण करेगी। पहले अनुभव होगा, तदुपरान्त इच्छा होगी; इसी इच्छा में से कर्म की वह अव्याहत शक्ति उत्पन्न होगी जो तुम्हारी शिराओं और धमनियों में प्रवहमान हो तुम्हारे शरीर को निःस्वार्थ कर्म-योग-साधना का यंत्र बना देगी; पूर्ण आत्म-त्याग और स्वार्थहीनता

का अभीप्स्य तब सिद्ध हो जायेगा। यह सिद्धि किसी धर्म, संप्रदाय, मत पर निर्भर नहीं। तुम यहूदी हो, ईसाई हो अथवा म्लेच्छ, इससे तात्पर्य नहीं। तुम निःस्वार्थ हो कि नहीं ? प्रश्न तो यह है। यदि हो तो तुम बिना एक भी धर्म-ग्रन्थ पढ़े, बिना एक बार भी किसी मंदिर व गिरजे में गये पूर्णता प्राप्त करोगे। हमारे योगों में से प्रत्येक बिना दूसरों की सहायता के भी मनुष्य को पूर्ण बनाने में समर्थ है, क्योंकि उन सबका ध्येय एक ही है। मोक्ष के लिए ज्ञान, भक्ति और कर्म के तीन योग स्वतंत्र और अव्यर्थ साधन हैं। "ज्ञान और कर्म में केवल मूर्ख विभेद करते हैं, बुद्धिमान नहीं।" बुद्धिमान जानते हैं, वे यद्यपि देखने में एक दूसरे से भिन्न हैं परंतु सभी समान रूप से मानव पूर्णता के एक ही लक्ष्य की ओर ले जाने वाले हैं।

सातवाँ अध्याय

मोक्ष

हम यह पहले कह चुके हैं कि कर्म का अर्थ किये हुए काम के अतिरिक्त मनोवैज्ञानिक ढंग से उसके मूल कारण से भी होता है। प्रत्येक क्रिया, प्रत्येक विचार जिसका एक फल होता है, कर्म है। इस प्रकार कर्म-सिद्धांत का अर्थ है, कार्य-कारण का अन्योन्याश्रित संबन्ध। जहाँ कारण होगा, वहाँ उसके परिणामस्वरूप कार्य अवश्य होगा। यह नियम तोड़ा नहीं जा सकता और यह कर्म-सिद्धांत हमारे शास्त्रों के अनुसार विश्व में चरितार्थ होता है। हम जो कुछ भी देखते-सुनते और करते हैं, संसार में जो भी काम होते हैं, वे एक ओर तो पूर्व कर्मों के परिणाम हैं, तथा दूसरी ओर अन्य कर्मों के कारण हो जाते हैं। यहाँ यह जान लेना अति आवश्यक है कि धर्म अथवा सिद्धांत का ठीक अर्थ क्या है। मनोवैज्ञाानिक रूप से हम देख सकते हैं कि धर्म या नियम का अर्थ किसी बात की पौनःपुनरावृत्ति से है। जब हम किसी घटना को एक बार होते देख लेते हैं अथवा उसी के साथ अन्य घटना भी घटती है तब हम इस क्रम की आवृत्ति की अथवा दोनों के एक साथ होने की आशा करते हैं। हमारे पुराने तार्किक और नैयायिक इस नियम को व्याप्ति कहकर पुकारते हैं। उनके अनुसार ऐसे धर्म के विचार सांसारिक वातावरण के अनुसार होते हैं। एक विशेष प्रकार का वातावरण हमारे मन में किन्हीं विशेष वस्तुओं से ऐसे सम्बन्धित हो जाता है कि उसे देखते ही हमें हठात् उन्हीं वस्तुओं का ध्यान आ जाता है। कोई भी विचार अथवा हमारे मनोविज्ञान के अनुसार चित्त की कोई भी लहर जब एक बार उठती है, तो उसके कारण अन्य लहरें भी उठती हैं। वातावरण के सम्बन्ध का यह मनोवैज्ञानिक विचार है तथा कार्य-कारण-सिद्धान्त इस महती व्याप्ति का एक अंग-मात्र है। वाह्य-प्रकृति में धर्म से वही तात्पर्य है जो आंतरिक में—यह आशा कि एक विशेष प्रकार के घटनाक्रम का यथासम्भव अनुवर्तन होगा। सच पूछा जाए तो प्रकृति में कोई उसका अपना धर्म कहकर नहीं। यह कहना भूल है कि पृथ्वी में आकर्षण-धर्म निवास करता है अथवा प्रकृति में कहीं भी उसका कोई धर्म है। धर्म

उस रीति, उस प्रणाली का नाम है जिससे हम किसी घटनावली को समझते है; यह सब मन के भीतर होता है। कुछ घटना-क्रम एक साथ अथवा एक के बाद एक होकर हमें इस बात का विश्वास दिला देते हैं कि वह क्रम उसी भाँति चलेगा; उस क्रम का नियम हम जान लेते हैं, वही धर्म होता है।

दूसरा विचारणीय प्रश्न यह है, ऐसे धर्म की सार्व-देशिकता से हमारा क्या तात्पर्य है। हमारा विश्व सत्ता का वह भाग है जो संस्कृत मनोवैज्ञानिकों के अनुसार देश, काल और निमित्त से बना है, जिन्हें पाश्चात्य मनोविज्ञान में Space, Time और Causation कहते हैं। अनन्त सत्ता का यह विश्व एक क्षुद्र भाग मात्र है; एक भाग जो किसी विशेष ढाँचे में ढाला गया है, अथवा देश, काल और निमित्त से बना है। इस ढाँचे में सत्ता का जो भाग ढला है, वही हमारा विश्व है। इसलिये परिणाम यही निकलता है कि धर्म इस विशेष स्थिति की सृष्टि में ही संभव है। उसके परे कोई धर्म नहीं हो सकता। जब हम इस सृष्टि की चर्चा करते हैं तो हमारा तात्पर्य सत्ता के उस भाग से होता है जो हमारे मन से सीमित है—यही गोचर विश्व, जिसे हम देख-सुन, छू अथवा सोच सकते हैं। यह गोचर संसार ही नियमित है; उसके परे सत्ता पर कोई धर्म लागू नहीं हो सकता, क्योंकि वहाँ कार्य-कारण का संबंध नहीं। हमारे मन और इंद्रियों के परे जो भी है, वह कार्य-कारण के बंधन से बँधा नहीं रह सकता; अगोचर भूमि में वस्तुओं का कोई अन्योन्याश्रित संबन्ध नहीं, बिना विचारों के पारस्परिक संबन्ध के कार्य-कारण-धर्म भी संभव नहीं। जब सत्ता नाम और रूप के ढाँचे में ढल जाती है तभी कार्य-कारण-धर्म उसके लिए मान्य होता है और वह नियमों के बंधन में बँधती है; क्योंकि सभी धर्मों का मूल यही कार्य-कारण का नियम है। इसलिए हम देख सकते हैं कि स्वतंत्र इच्छा संभव नहीं ! उन दोनों शब्दों में ही पारस्परिक विरोध है, क्योंकि इच्छा वह है जिसे हम जानते हैं और जो कुछ भी हम जानते हैं, वह हमारे संसार में होता है, और जो कुछ भी हमारे संसार में है, वह देश, काल और निमित्त के अनुसार बना है। हम जो कुछ भी जानते हैं अथवा जान सकेंगे, वह कार्य-कारण-नियम से नियमित होगा तथा उस भाँति नियमित कोई भी वस्तु स्वतंत्र नहीं हो सकती। वह अन्य कर्मों का फल होती है तथा अवसर पर स्वयं कारण बन जाती है। परंतु वह जो पहले इच्छा न था परंतु देश, काल और निमित्त के ढाँचे में पड़कर मानवीय इच्छा में परिवर्तित हो गया, वह स्वतंत्र है। वह स्वतंत्रता से आता है, इस परतंत्रता की दशा में पड़ जाता है और एक बार वह पुनः मुक्त हो जाता है।

लोग पूछते हैं, यह सृष्टि किसने उत्पन्न की, वह किसमें स्थित है तथा अन्त में किसमें लय होती है; इनका उत्तर यही है, स्वतंत्रता से उसकी उत्पत्ति होती है, परतंत्रता में स्थिति होती है तथा स्वतंत्रता में ही वह लय होती है। अतः जब मनुष्य के लिए हम कहते हैं कि वह उस अनंत सत्ता से भिन्न नहीं जो उसमें स्पष्ट होती है

तब हमारा अर्थ यह होता है कि उस सत्ता का एक अत्यन्त लघु भाग मनुष्य है; ये शरीर और मन जिन्हें हम देखते हैं, उस पूर्ण के एक क्षुद्र अंश-मात्र हैं, उस अनंत सत्ता पर बिंदु के समान। यह समस्त सृष्टि भी उस अनंत के एक लघुतम परमाणु के समान है; हमारे धर्माधर्म, हमारे बंधन, हमारे सुख-दुख, आशा-निराशाएं—सब इसी क्षुद्र विश्व में सीमित हैं; उसी के छोटे-से वृत्त में हमारी उन्नति और अवनति का क्रम जारी रहता है। इसलिये आप देख सकते हैं, यह सोचना कि मनःकल्पना के अनुसार इस संसार का अस्तित्व आगे भी रहेगा कितना बचपन है, यह आशा करना कि हमें मरने पर स्वर्ग मिलेगा क्योंकि स्वर्ग भी हमारे ज्ञात संसार का एक अनुवर्तन-मात्र-सा होगा। यह स्पष्ट है कि अनंत सत्ता को अपने गोचर संसार के नियमों से, जिन्हें हम जानते हैं, नियमित करने की इच्छा कितनी मूर्खतापूर्ण और असंभव है। इसलिये जब कोई व्यक्ति कहता है कि अमुक वस्तुएँ, जो उसके पास आज हैं, उसे फिर भी मिला करेंगी, अथवा जैसा कि मैं कभी-कभी कहा करता हूँ, उसे अपनी सुविधाओं के अनुसार धर्म चाहिये, तब आप समझ लीजिये कि वह इतना पतित हो गया है कि अपनी तात्कालिक अवस्था से किसी महत्तर दशा की कल्पना करना उसके लिए संभव नहीं; वह अपने चारों ओर के बंधनों से बँधा हुआ है, उनके परे वह देख नहीं सकता। वह अपनी सीमाहीनता को भूल गया है तथा प्रतिदिन के दुख-सुख, राग-द्वेष आदि से वह निर्लिप्त नहीं रह सकता। वह समझता है कि यह सांत ही अनंत है; यही नहीं, वह इस मूर्खता को छोड़ेगा भी नहीं। जीवन की अभिलाषा, तृष्णा का वह पल्ला मजबूती से पकड़ लेता है, जिसे बौद्ध 'तन्ह' और 'तृस्सा' कहते हैं। चाहे लाखों तरह के सुख, जीवन, धर्म, उन्नति, अवनति और कार्य-कारण के क्रम हमारे ज्ञात विश्व के बाहर गतिशील हों परन्तु वह सब भी हमारी प्रकृति के एक भाग मात्र होंगे।

स्वतंत्रता पाने के लिए हमें इस सृष्टि की सीमाओं के परे जाना होगा; यहाँ वह संभव नहीं। पूर्णता अथवा जिसे ईसाई अगोचर शांति कहते हैं, न इस लोक में, न परलोक में, न अन्य कहीं जहाँ हमारे मन और हमारी इन्द्रियों की गति होगी, मिल सकती है। ऐसे किसी भी स्थल में हमें शांति नहीं मिल सकती, क्योंकि ऐसे स्थल हमारी सृष्टि में होंगे और वह देश, काल तथा निमित्त से सीमित है। संभव है ऐसे लोक हों जहाँ का जीवन हमारी इस पृथ्वी के जीवन से सूक्ष्मतर हो, जहाँ की सुखानुभूतियाँ तीव्रतर हों, परंतु वे लोक भी इस सृष्टि में होंगे, अतः बंधनों से बँधे हुए। इस कारण हमें इस गोचर संसार के परे जाना है; वास्तविक धर्म वहीं से आरंभ होता है जहाँ इस सृष्टि का अन्त होता है। हमारे छोटे-छोटे सुखों-दुखों का, हमारे सांसारिक ज्ञान का अंत हो जाता है और वास्तविकता का आरंभ होता है। जब तक वहाँ हम जीवन की इस अपार तृष्णा, अपनी इस क्षणभंगुर नियमबद्ध सत्ता का मोह न त्यागेंगे तब तक आशा नहीं कि उस पार की अबाध और अनंत स्वतंत्रता की हम

एक झलक भी देख सकें। अतः यह तर्क-संगत है कि उस स्वतंत्रता तक पहुँचने का, जो कि मनुष्य की सर्वोच्च इच्छाओं का लक्ष्य है, केवल एक मार्ग है, और वह मार्ग यह है कि हम इस छोटे-से जीवन से, इस छोटे से संसार से, इस पृथ्वी, स्वर्ग, शरीर, मन, जो कुछ भी नियमित और परतंत्र है, उस सबसे छुटकारा पायें। यदि हम मन और इंद्रियों से ज्ञेय संसार से नाता तोड़ लें, तो हम तुरंत मुक्त हो जाएं। इन बंधनों से छुटकारा पाने की यही विधि है कि हम कार्य-कारण वाली भूमि से, नियम-निर्दिष्ट सीमाओं से परे चले जाएं।

परंतु जीवन की तृष्णा तजना अत्यंत कठिन है; इने-गिने ही कभी वैसा कर पाते हैं। हमारे शास्त्रों में वैसा करने के दो मार्ग बताये गये हैं; एक 'नेति-नेति', वाला, यह नहीं, यह नहीं; दूसरा 'इति-इति' वाला। पहला खंडनात्मक और दूसरा मंडनात्मक है। खंडनात्मक प्रणाली सबसे कठिन है। असाधारण मनस्विता और दानवी इच्छा-शक्ति वाले पुरुषों के लिए ही वह संभव है जो उठकर कह देते हैं—"नहीं, मुझे इसकी आवश्यकता नहीं"; मन और शरीर उनकी आज्ञा मान लेते हैं और वे सफल होते हैं। परंतु ऐसे पुरुषों की संख्या अत्यंत न्यून है; अधिकांश जन मंडनात्मक, संसार के बीच होकर जाने वाला मार्ग ग्रहण करते हैं; वे उन बंधनों को प्रयोग में लाते हैं जिन्हें वे बाद में तोड़ देते हैं। यह भी एक प्रकार का त्याग है; केवल धीरे-धीरे वस्तुओं को जानकर, उनका आनंद ले, अनुभव प्राप्त करते हुए और वस्तुओं की प्रकृति जानते हुए जब तक कि मन उन्हें छोड़कर अंत में अनासक्त नहीं हो जाता। अनासक्ति का प्रथम मार्ग ज्ञान द्वारा है, दूसरा कर्म और अनुभवों द्वारा। ज्ञान-योग में कर्म का बंधन नहीं माना जाता; कर्मयोग में कर्म करने से विराम नहीं मिलता। विश्व के प्रत्येक प्राणी को कर्म करना चाहिये। केवल वे जो आत्मा को पाकर पूर्ण रूप से संतुष्ट होते हैं, जिनकी इच्छाएं अध्यात्म-केंद्र से विच्युत इधर-उधर जाती नहीं, जिसका मन वहाँ से कभी हटता नहीं, जिनके लिए आत्मा ही सब कुछ है, केवल वे कर्म नहीं करते। शेष सबको कर्म करना चाहिये। अपनी इच्छा से बहता हुआ सरित्प्रवाह किसी गह्वर में गिरकर कुछ देर तक वहाँ चक्कर लगाया करता है, उसके पश्चात् वह स्वतंत्र हो फिर पूर्व की भाँति बहने लगता है। प्रत्येक मानव-जीवन उसी धारा के समान है। वह इस भँवर-चक्र में पड़ जाती है, इस देश, काल और निमित्त के संसार में बंधन-युक्त हो जाती है, कुछ देर वहाँ चक्कर लगाती है, पिता, माता, नाम, धाम आदि की पुकार उठाती है और अन्त में उससे निकलकर पूर्व की भाँति स्वतंत्र हो जाती है। विश्व का यही क्रम है। हम जानें न जानें, चाहे ज्ञात भाव में हो या अज्ञात भाव में हो, हम सब इस संसार के स्वप्नदेश के बाहर जाने का प्रयत्न कर रहे हैं। मनुष्य का सांसारिक अनुभव उसे उसके बाहर ले जाने के लिए होता है।

परंतु कर्मयोग क्या है ? यह कर्म करने के रहस्य का ज्ञान है। हम देखते हैं, समस्त ब्रह्माण्ड कर्म-लग्न है । क्यों ? मुक्ति के लिए, स्वतंत्रता के लिए; जाने किंवा

अजाने क्षुद्रतम प्राणी से लेकर उच्चतम तक–सब उसी के लिए प्रयत्नपर हैं; एक ही उन सबका ध्येय है–मन, शरीर, आत्मा, सभी के लिए स्वतंत्रता लाभ करना। प्रत्येक जीवन परतंत्रता से दूर भागता हुआ स्वतंत्रता-प्राप्ति के लिए सचेष्ट है। सूर्य, चन्द्र, नक्षत्र, ग्रह-उपग्रह सब परतंत्रता से छुटकारा पाने की चेष्टा कर रहे हैं। प्रकृति की सहस्रों शक्तियाँ हमारी सृष्टि की अन्य शक्तियों के समान हैं। कर्मयोग हमें कर्म का रहस्य, उसे करने की उचित प्रणाली बताता है। संसार में इधर-उधर धक्के खाने के बदले, बहुत देर तक इस चक्र में पीसे जाने के बाद हमें वस्तुओं का ज्ञान हो, इसके बदले कर्मयोग हमें कर्म का रहस्य बताता है, कर्म करने की उचित प्रणाली, कर्म को संगठित करने का ढंग बताता है। शक्ति का विशाल पुंज यों ही नष्ट हो सकता है, यदि शक्ति का हम समुचित उपयोग न जानें। कर्मयोग कर्म की वैज्ञानिक समीक्षा करता है, उसके द्वारा हम जान सकते हैं, कर्म का सबसे उचित और सुन्दर प्रयोग क्या है, हमें उससे क्या लाभ हो सकता है। संसार के कर्मों को तुम व्यर्थ न जाने दोगे। कर्म करना अनिवार्य है, होना ही चाहिये, परन्तु हमें सर्वोच्च ध्येय सामने रखकर कर्म करना चाहिये। कर्मयोग हमें यह मानने के लिए बाध्य करता है कि यह संसार क्षण-भंगुर है; यह वह यंत्रणा-चक्र है जिसमें होकर हमें जाना ही पड़ेगा; तथा स्वतंत्रता यहाँ नहीं, इसके परे है। इस संसार के बंधनों से मुक्ति पाने के लिए हमें धीरे-धीरे परन्तु सधी चाल से उसके पार होना है। संसार में कुछ ऐसे अपवाद-स्वरूप व्यक्ति हो सकते हैं जो स्वेच्छानुसार संसार से नाता तोड़ सकते हैं, जैसे साँप अपनी केंचुल छोड़ देता है। निःसंदेह कुछ व्यक्ति ऐसे होते हैं परन्तु वे बहुत थोड़े हैं; शेष मनुष्यों को कर्म के संसार से हो कर जाना होता है; कर्मयोग हमें मार्ग दिखाता है, जिससे हम सभी संबन्धित व्यक्तियों को सर्वाधिक लाभ पहुँचाते हुये कर्म कर सकें।

कर्मयोग क्या कहता है–"अनवरत कर्म करो परन्तु कर्म में आसक्त न हो।" किसी वस्तु में अपनापन न देखो; मन को स्वतंत्र रखो। यहाँ जो दुख-सुख, घृणा-द्वेष तुम देखते हो, वे संसार के लिए अनिवार्य हैं; धन, सुख, निर्धनता ये सब क्षणिक हैं। हमारी वास्तविक प्रकृति से उनका तनिक भी सम्बन्ध नहीं। हमारी वास्तविक प्रकृति सुख-दुख से परे, सभी गोचर ज्ञान, कल्पना से भी परे हैं; फिर भी हमें निरंतर कर्म करते रहना चाहिये। दुख आसक्ति से होता है, कर्म से नहीं। जैसे ही हम कर्म में आसक्त होते हैं, वैसे ही हम दुखी होते हैं। परन्तु यदि ऐसी आसक्ति से दूर रहें, तो दुखी भी न हों। दूसरे का सुन्दर चित्र जल जाए तो हमें उतना दुख नहीं होता; परन्तु जब अपना चित्र जलता है तो दुख होता है। क्यों ? दोनों ही सुन्दर चित्र थे, कदाचित् वे एक ही मूल की दो प्रतिच्छवि रहे हों, परन्तु दूसरी बार पहले की अपेक्षा अधिक दुख होता है। इसलिये कि दूसरे चित्र को हम अपना कहकर मानते हैं, पहले को नहीं। यह अपने-पराये का भेद ही सब दुखों का मूल है। अधिकार के भाव से स्वार्थ जन्मा और स्वार्थ से दुख उत्पन्न हुआ। स्वार्थ की प्रत्येक क्रिया, स्वार्थ का

प्रत्येक विचार हमें किसी वस्तु पर आसक्त करता है और उसी क्षण हम दास बन जाते हैं। चित्त की प्रत्येक लहर जो 'मैं, मेरा' कहती है, हमारे चारों ओर एक शृंखला बनकर हमें बंधन में डाल देती है। जितना ही अधिक हम 'मैं, मेरा' कहते हैं, हमारे चारों ओर उतने ही अधिक बन्धन पड़ते हैं, दुख उतना ही बढ़ जाता है। इसलिये कर्मयोग कहता है, संसार के सभी चित्रों को देखो और सराहो, परन्तु किसी में आसक्त न हो। कभी न कहो, 'यह मेरा है।' जहाँ किसी वस्तु को तुमने अपनी कहा कि दुख का आरंभ हुआ, 'मेरा बच्चा' मन में यह भी न कहो। बच्चे को पास रखो परन्तु उसे अपना न कहो। यदि कहोगे तो दुख होगा। 'मेरा घर' 'मेरा शरीर'–ऐसा मत कहो। सारी कठिनता यहीं पर है। शरीर न मेरा है, न तुम्हारा, न अन्य किसी का, ये शरीर प्रकृति के नियमों के अनुसार आते-जाते हैं परन्तु हम साक्षी-रूप मुक्त हैं। यह शरीर उतना ही स्वतंत्र है, जैसे एक दीवाल, एक चित्र, अधिक नहीं। तब हमारी शरीर पर इतनी आसक्ति क्यों हो ? उसे जाने दो। स्वार्थ की मरीचिका की ओर, 'वह मेरा है'–कहकर न दौड़ो। ऐसा सोचना ही दुखी होने का सामान करना है।

इसलिये कर्मयोग कहता है, पहले इस स्वार्थ-मरीचिका को जन्म देने की मानसी प्रवृत्ति को रोको और जब तुम उसे रोक सको, तब मन को फिर उस स्वार्थ की लहर में न तरंगित होने दो। संसार में जाकर तब तुम जितना भी कर्म चाहो, कर सकते हो। सबसे मिलो, चाहे जहाँ जाओ; तुम पाप से निर्लिप्त रहोगे, उसकी कालिमा तुम्हें स्पर्श न कर सकेगी। जैसे कमल-दल पानी में रहता हुआ भी उससे अलग रहता है, वैसे ही तुम संसार में रहोगे। इसी का नाम वैराग्य अथवा कर्मयोग की अनासक्ति है। मैं आप लोगों से कदाचित् कह चुका हूँ कि बिना अनासक्ति के कोई योग संभव नहीं। जो व्यक्ति सुन्दर गृह, भोजन, वस्त्र त्यागकर वन में रहता है, संभव है अत्यंत आसक्त हो। उसके पास उसकी एकमात्र निधि शरीर ही उसकी परम प्रिय वस्तु हो। जब तक वह जियेगा, वह अपने शरीर के लिए ही अत्यन्त व्याकुल रहेगा। अनासक्ति मन के भीतर होती है, उसका अर्थ शरीर के लिए किए गये किसी कर्म से नहीं। 'मैं और मेरे' का बन्धन शरीर में है। यदि शरीर से, ऐंद्रियता से हमारा सम्बन्ध टूट जाए, तो हम चाहे जहाँ, जैसे भी रहें, हम अनासक्त रहें। सिंहासन पर बैठा व्यक्ति पूर्ण रूप से अनासक्त हो सकता है, अन्य लँगोटी लगाये हुए भी अत्यन्त आसक्त हो सकता है। पहले हमें इस अनासक्ति की दशा को पहुँचना है, फिर अनवरत कर्म करना। कर्मयोग हमें वह मार्ग बताता है, जिसका अनुसरण करते हुए हम आसक्ति से दूर हो सकेंगे। वास्तव में आसक्ति तजना अत्यन्त कठिन है।

कर्मयोग में आसक्ति से मुक्त होने के दो मार्ग हैं। एक उनके लिए जो ईश्वर अथवा किसी बाहरी सहायता में विश्वास नहीं करते। उनके लिए यही मार्ग रह जाता है कि वे अपने ही ऊपर भरोसा करें; उन्हें अपनी इच्छा, अपनी मनःशक्ति से काम

लेना होता है; अपने मन में यह कहकर कि 'मैं अनासक्त हूँगा,' उन्हें विवेक से कर्म करना होता है। जिनका ईश्वर के प्रति विश्वास है, उनके लिए अन्य मार्ग हैं, जो सरलतर हैं। वे कर्म-फल ईश्वर पर छोड़ देते हैं; वे कर्म करते हैं परन्तु फल में आसक्त नहीं रहते। जो कुछ भी वे करते हैं, देखते, सुनते या अनुभव करते हैं, वह सब ईश्वर के नाम पर। हम कैसा भी भला काम करें, हमें चाहिये, हम उसके लिये प्रशंसा की कामना न करें। कर्म ईश्वर का है; फल भी उसको अर्पित हों। सर्वोत्कृष्ट कर्म इमें यह नहीं सोचने देता कि हमें उससे लाभ होगा किंवा हमने कोई शुभ-कर्म किया भी है। सब कर्म उसी का है। हमें चाहिये कि तटस्थ रहकर सोचें कि हम तो ईश की आज्ञा पालन करने वाले उसके चाकर मात्र हैं; कर्म करने की प्रेरणा प्रतिक्षण उसी स्वामी से होती है। "तू जो कुछ भी पूजता है, जो कुछ भी अनुभव करता है, जो कुछ भी कर्म करता है, तू वह सब ईश्वर को अर्पित कर शान्ति लाभ कर।" हमें अपने भीतर पूर्णरूप से शान्ति स्थापन कर अपना मन और शरीर, अपनी प्रत्येक वस्तु ईश्वर के लिए किये गये एक निरन्तर यज्ञ में हुत कर देनी चाहिये। पुरानी विधि से अग्नि में द्रव्य डालकर यज्ञ करने के बदले यह महायज्ञ दिन-रात करो—अपने छोटे-से अपनेपन का यज्ञ। "धन को खोजते हुए, तू ही वह धन है, जिसे मैंने पाया है; मैं तेरे लिये अपनी बलि देता हूँ। प्रिय की खोज में तू वह प्यारा मिला है, जिसे मैं प्यार कर सकता हूँ। मैं तेरे लिये अपनी बलि देता हूँ।" हमें चाहिये दिन-रात हम यही जपें। "मेरा-मुझको कुछ नहीं; चाहे वस्तु अच्छी हो या बुरी या समान हो, मुझे उससे कोई मतलब नहीं; मैं सब कुछ तुझ पर वारता हूँ।" दिन-रात हमें अपने दिखावटी अपनेपन को त्यागना चाहिये यहाँ तक कि वैसा करना स्वभाव में परिणत हो जाए, यहाँ तक कि रक्त-प्रवाह के साथ धमनियों और शिराओं में होता हुआ हमारे सारे शरीर को आत्म-त्याग के विचार का पूर्ण आज्ञाकारी बना दे। तब जाओ समरभूमि में जहाँ तोपें गरज रही हों, जहाँ युद्ध का हाहाकार मचा हुआ हो, वहाँ भी तुम अपने भीतर स्वतंत्रता और शांति का अनुभव करोगे।

कर्मयोग हमें सिखाता है कि कर्त्तव्य की साधारण धारणा निम्न सतह की है; फिर भी हम सबको अपना कर्त्तव्य करना है। तो भी हम देख सकते हैं, यह कर्त्तव्य का विचार कभी-कभी बड़ी विपत्तियों का कारण होता है। कर्त्तव्य हमारे लिये रोग हो जाता है, हमें निरन्तर आगे की ओर खींचा करता है। कर्त्तव्य हमारे लिये बंधन-रूप हो जाता है और हमारे समस्त जीवन को दुःखमय बना देता है। मानव-जीवन का वह अभिशाप बन जाता है। "यह कर्त्तव्य, यह कर्त्तव्य का विचार वह मध्याह्न तपन है जो मनुष्य की अन्तरात्मा को जला देती है।" कर्त्तव्य के दासों की ओर देखिये। कर्त्तव्य के कारण उन्हें पूजा-पाठ, नहाने-धोने तक का समय नहीं। कर्त्तव्य का भूत उन पर सदा सवार रहता है। बाहर हैं तो कर्म में लगे हैं; कर्त्तव्य से पिंड नहीं छूटता। घर आते हैं तो कल जो कुछ करना है, उसका विचार उन्हें शान्ति नहीं लेने देता।

जब देखो तब वही कर्त्तव्य। यह दास का जीवन है, जिसका अन्त कभी घोड़े का-सा साज पहने सड़क पर गिरकर मर जाने में ही होता है। कर्त्तव्य जैसा समझा जाता है, ऐसा है। वास्तविक कर्त्तव्य एक है, हम अनासक्त हों, स्वतंत्र हो कर्म करें, सब कर्म ईश्वर को अर्पित करें। हमारे सब कर्त्तव्य उसी के हैं। हमारा सौभाग्य है जो उन्हें पालन करने के लिए हमें आज्ञा मिली है। हम तो बस हुक्म बजा लाते हैं; परन्तु अच्छी या बुरी तरह, यह कौन जाने ? यदि हम अच्छी तरह करते हैं तो फलों की हमें आशा नहीं। यदि बुरी तरह करते हैं, तो भी कुछ फिकर नहीं। शान्त हो, स्वतंत्र हो और कर्म करो। ऐसी स्वतंत्रता लाभ करना अत्यन्त दुष्कर है। दासता को कर्त्तव्य का नाम देना कितना सरल है—अस्थि-मांस के शरीर की शरीर पर पतित आसक्ति, कर्त्तव्य ! मनुष्य संसार में जाकर धन के लिये अथवा अन्य किसी अभीप्स्य वस्तु के लिए परिश्रम करते हैं, उसे पाने के लिए जान लड़ा देते हैं। उनसे पूछिये, वे ऐसा क्यों करते हैं ? वे कहेंगे, "यह हमारा कर्त्तव्य है।" धन और कुछ अन्न के दानों के लोभ को वे कुछ फूलों से ढँका चाहते हैं।

कर्त्तव्य आखिर है क्या ? हमारी एक दैहिक भावना, एक आसक्ति-मात्र; जब एक प्रकार की आसक्ति दृढ़मूल हो जाती है तब हम उसे कर्त्तव्य कहने लगते हैं। उदाहरण के लिए जिन देशों में विवाह-प्रथा प्रचलित नहीं, वहाँ पति-पत्नी के बीच का कर्त्तव्य बंधन नहीं। जब विवाह होता है, तब पति-पत्नी आसक्ति के कारण एक साथ रहते हैं; इस प्रकार का एक साथ रहना कई पीढ़ियों के बाद रूढ़ि-बद्ध हो जाता है; और तब वह कर्त्तव्य का रूप धारण कर लेता है। एक प्रकार का यह असाध्य रोग है; जब वह क्लेश देता है, हम उसे रोग कहते हैं, जब असाध्य हो जाता है तो प्रकृति। परन्तु है वह रोग। जब आसक्ति असाध्य हो जाती है, हम उसका कर्त्तव्य के श्रुतिमधुर शब्द द्वारा नामकरण करते हैं। हम उसके ऊपर पुष्प वर्षा करते हैं, उसके चारों ओर नक्कारे बजाते हैं, बड़े-बड़े शास्त्र और धर्म-ग्रन्थों का पाठ होता है और फिर सारा संसार आपस में कटने मरने लगता है, मनुष्य यथाशक्ति इस कर्त्तव्य का पालन करते हुए एक दूसरे का जीवन-धन अपहरण करते हैं। कर्त्तव्य वहाँ तक अच्छा है जहाँ तक वह पाशविकता का शमन करता है। क्षुद्रतम प्राणियों को जिनके लिए अन्य उच्च आदर्श की कल्पना करना असंभव है, कर्त्तव्य ही शुभ मंत्र है; परन्तु जो कर्मयोगी होना चाहते हैं, उन्हें इस कर्त्तव्य के विचार को भी पीछे छोड़ना पड़ेगा। हमारे तुम्हारे लिये कोई कर्त्तव्य नहीं। तुम्हें संसार को जो देना हो, अवश्य दो परन्तु कर्त्तव्य-पालन के विचार से नहीं। उसको ध्यान में न लाओ। किसी से बलात् प्रेरित न हो। तुम क्यों किसी का दबाव मानो ? बाह्य प्रेरणा से जो कर्म भी किया जाता है, आसक्ति उत्पन्न करने वाला होता है। तुम्हारे लिये कोई कर्त्तव्य क्यों हो ? ईश्वर को सब कुछ अर्पण कर दो। "संसार की जलती भट्ठी में जहाँ कर्त्तव्य की आँच से सब झुलसे जाते हैं, यह अमृत का घूँट पियो और सुखी हो।" हम सब उसकी इच्छा के

अनुसार कार्य कर रहे हैं; चाहे इनाम मिले, चाहे सजा, हमें कुछ मतलब नहीं। यदि तुम इनाम चाहोगे, तो सजा भी भुगतनी पड़ेगी; सजा से बचने का एक ही उपाय है, इनाम का लालच छोड़ो। दुख से छुटकारा पाने का एक मार्ग है, सुख की आशा त्याग दो, क्योंकि दोनों का अन्योन्याश्रित सम्बन्ध हैं। एक ओर सुख है, दूसरी ओर दुख; एक ओर जीवन दूसरी ओर मृत्यु। मृत्यु के परे जाने का एक ही ढंग है, जीवन का मोह छोड़ दो। मरण और जीवन एक ही हैं, दृष्टिकोण का अन्तर-मात्र पड़ता है। इसलिये बिना दुख के सुख का, बिना मरण के जीवन का विचार बच्चों और स्कूल के विद्यार्थियों के लिए अत्यन्त सुन्दर है; परन्तु विचारशील पुरुष देखता है कि यह शब्दों का पारस्परिक विरोधाभास है; अतः वह उन्हें तज देता है। अपने किसी भी कर्म के लिए कीर्ति की, पुरस्कार की आशा न करो। हम लोग थोड़ी-सी भलाई करते नहीं कि यही इच्छा करने लगते हैं, कोई आकर हमारी पीठ ठोकने लगे। किसी संस्था को कुछ धन दिया, तो हम आशा करने लगते हैं, पत्रों में बड़े-बड़े अक्षरों में हमारा नाम छप जाए। ऐसी इच्छाओं का परिणाम दुख अवश्य होगा। संसार के महत्तम पुरुष अनदेखे अनसुने यहाँ आये और चले गये। बुद्ध और ईसा, जिनके विषय में हम कुछ जानते हैं, उनके सामने द्वितीय श्रेणी के पुरुष ठहरते हैं, जिन महान् आत्माओं के विषय में संसार को कुछ भी ज्ञात नहीं। इस प्रकार के सैकड़ों अज्ञात महात्मा प्रत्येक देश में चुपचाप काम कर चले गये हैं। उनका जीवन शांत होता है, मरण शांत होता है; समय पाकर उनके विचार बुद्धों और ईसाओं में एकत्र हो फूटते हैं और हम तब इन पुरुषों को जान पाते हैं। उच्चतम श्रेणी के पुरुष अपने ज्ञान से नाम और कीर्ति नहीं अर्जित करना चाहते। वे अपने विचार संसार के लिए छोड़ जाते हैं; अपने लिये वे कुछ नहीं चाहते, अपने नाम पर कोई संप्रदाय, कोई धर्म नहीं चलाते। उनका स्वभाव ऐसी बातों को सहन नहीं कर सकता। वे पूर्ण सात्त्विक हैं जो किसी प्रकार की क्रियाशीलता नहीं दिखा सकते, केवल प्रेम में द्रवीभूत होते हैं। मैंने एक ऐसे योगी को देखा है जो भारतवर्ष की एक कंदरा में रहते हैं; वह उन अत्यन्त विचित्र पुरुषों में से हैं जिन्हें मैंने कभी देखा है। उन्हें अपना व्यक्तित्व इतना भूल गया है कि उनके भीतर का व्यक्ति लुप्त हो गया है, अलौकिक की सर्वज्ञता-मात्र पीछे रह गई है। यदि पशु उनकी एक बाँह काटता है तो वे उसके सामने दूसरी भी बढ़ा देते हैं और कहते हैं, ईश्वर की यही इच्छा है। उनके साथ जो कुछ भी होता है, वह ईश की इच्छा से होता है। वह मनुष्यों में नहीं निकलते, फिर भी वह प्रेम और मधुर सद्विचारों की खान हैं।

इनके पश्चात् वे राजसिक पुरुष आते हैं जो पूर्ण पुरुषों के विचारों को लेकर संसार में उनका प्रचार करते हैं। उच्चतम श्रेणी के पुरुष उन्नत सत्य के विचारों को चुपचाप एकत्र किया करते हैं—बुद्ध और ईसा स्थान-स्थान पर जाकर उनका प्रचार करते हैं, उनका कर्म पूरा करते हैं। गौतम बुद्ध के जीवन में हम बार-बार देखते हैं कि वे अपने आपको पच्चीसवाँ बुद्ध बताते हैं। उनके पूर्व के चौबीस बुद्धों का

इतिहास नहीं, यद्यपि ज्ञात बुद्ध ने उन्हीं की डाली नींवों पर अपनी इमारत खड़ी की होगी। सबसे बड़ी विभूतियाँ शांत, अज्ञात, मौन होती हैं। उन्हीं को वास्तव में विचार की शक्ति का पता है; उन्हें विश्वास है, यदि वे गुफा में जाकर शिला से उसका द्वार बंद कर बैठ जाएं और वहाँ केवल पाँच सत्य के विचार सोचकर मर जाएं, तो वे विचार अनंतकाल तक रहेंगे। सचमुच ये विचार पर्वतों को भेद जाएंगे, समुद्र पार कर संसार भर में वे घूमेंगे; वे मनुष्यों के अंतस्तल में प्रवेश करेंगे और उन व्यक्तियों को उन्नत बनायेंगे जो उन्हें अपने जीवन में चरितार्थ करेंगे। ये सात्त्विक पुरुष ईश्वर के इतने निकट होते हैं कि क्रियाशील हो युद्ध करना, कर्मरत हो समर में भाग लेते हुए प्रचार करना तथा जैसा कि कहा जाता है, मनुष्य-जाति का उपकार करना उनके लिए संभव नहीं। इन क्रियाशील पुरुषों में, वे कितने ही भले हों, थोड़ा-सा अज्ञान रह जाता है। जब हमारी प्रकृति में कुछ अपवित्रता शेष रह जाती है, तभी हम कर्म कर सकते हैं। कर्म का धर्म ऐसा है कि साधारणतः आसक्ति और इच्छा से वह प्रेरित होता है। सतत क्रियाशील एक अनन्त सत्ता के समक्ष, जिसे प्रत्येक पखेरू का भी ध्यान रहता है, मनुष्य अपने कर्म पर कैसे गर्व कर सकता है ? ऐसा करना क्या पाप न होगा, जब हम जानते हैं कि क्षुद्रतम प्राणी की वह रक्षक है ? हमें उसके सामने श्रद्धावनत हो यही कहना है, "तेरी इच्छा पूर्ण हो !" उच्चतम कोटि के व्यक्ति कर्म नहीं कर सकते क्योंकि उनके लिए कोई आसक्ति नहीं। "जो पुरुष में जाकर मिल गये हैं, जिनकी इच्छायें पुरुष में हैं, जो अपने आपको उससे भिन्न नहीं जानते, उनके लिए कर्म नहीं।" वे वास्तव में मनुष्य-जाति के मुकुट-मणि हैं। परन्तु उनसे इतर सबको कर्म करना है। इस प्रकार कर्म करते हुए हमें यह न सोचना चाहिये, किसी छोटी-सी वस्तु की यहाँ हम सहायता कर सकते हैं। हम नहीं कर सकते। इस विश्व-व्यायामशाला में अभ्यास कर हम स्वयं स्वस्थ हो सकते हैं। कर्म करने के लिए यही उचित दृष्टिकोण है। यदि हम इस प्रकार कर्म करें, यदि हम इस बात का सदा स्मरण रखें कि हमें जो कर्म करने का अवसर मिला है, वह हमारा सौभाग्य है, तो हम कभी आसक्त न हों। हमारी-तुम्हारी तरह संसार के सैकड़ों आदमी अपने आपको बहुत बड़ा समझते हैं; परन्तु हम सब मर जाते हैं, पाँच मिनट में संसार हमें भूल जाएगा। किन्तु ईश्वर का जीवन अनन्त है। "वह सर्वशक्तिमान न चाहे तो यहाँ कौन पलभर भी जीवित रह सकता है, पलभर साँस ले सकता है ?" वह अनन्त अनवरत कर्मों वाला ईश है। सब शक्ति उसकी है और उसकी आज्ञा में। उसी का आज्ञा से हवाएं चलती हैं, सूर्य चमकता है, पृथ्वी घूमती है और पृथ्वी पर उग्ररूपा मृत्यु विचरण करती है। वह सर्वशक्तिशाली और सर्वव्यापी है। हम केवल उसकी उपासना कर सकते हैं। कर्म-फल त्याग दो; भलाई के लिए भलाई करो; तब पूर्ण अनासक्ति तुम्हें मिलेगी। आत्मा के बन्धन टूट जाएंगे, हमें मुक्ति मिलेगी। इस प्रकार मुक्ति वास्तव में कर्मयोग का लक्ष्य है।

आठवाँ अध्याय

कर्मयोग का आदर्श

वेदान्त धर्म की महत्ता यह है कि वहाँ भिन्न मार्गों से हम एक ही लक्ष्य को पहुँच सकते हैं। इन मार्गों के मैंने चार नाम मोटी तौर पर रख दिये हैं, कर्म, मनोविज्ञान, प्रेम तथा ज्ञान के मार्ग। परन्तु आपको यह ध्यान रखना चाहिये ये विभाजन एकदम दूसरों से भिन्न नहीं, इनकी सीमाएं कठोरता से निश्चित नहीं, वे आपस में मिल जाती हैं। परन्तु जहाँ जिसकी अधिकता होती है, वैसा ही उसका नाम रख दिया जाता है। ऐसा नहीं है कि कर्म करने वाले में कर्म करने के अतिरिक्त अन्य कोई शक्ति न हो, अथवा भक्तों में केवल भक्ति हो और ज्ञानियों में ज्ञान के अतिरिक्त और कुछ न हो। किसी व्यक्ति में जिसका प्राधान्य होता है, उसी के अनुसार उसका नाम रखा जाता है। हम देख चुके हैं, अन्त में चारों मार्ग मिलकर एक हो जाते हैं। सभी धर्म, कर्म और उपासना की सभी प्रणालियाँ एक और केवल एक लक्ष्य को पहुँचाती हैं।

मैं उस लक्ष्य की चर्चा कर चुका हूँ। वह स्वतंत्रता है, जैसा कि मैं समझता हूँ। अपने चारों ओर जो कुछ भी हम देखते हैं, सब उसे पाने को सचेष्ट हैं, परमाणु से लेकर मनुष्य तक निर्जीव और जड़ पदार्थों से लेकर पृथ्वी के जीवन की सबसे ऊँची सतह पर स्थित, मनुष्य की आत्मा तक वास्तव में सृष्टि इस स्वतंत्रता के लिए किये गए संघर्ष का ही परिणाम है। प्रत्येक समूह में परमाणु अपनी-अपनी ओर खींचकर स्वतंत्र हुआ चाहते हैं, परन्तु एक दूसरे से वे बँधे हुए हैं। हमारी धरती सूर्य से दूर छूटकर जाना चाहती है, चन्द्रमा धरती से; सभी में छूटकर बिखर जाने की प्रवृत्ति दिखाई देती है। सृष्टि में हम जो कुछ भी देखते हैं, इस स्वतंत्रता के लिए किये गये संग्राम के आधार पर है। इस प्रवृत्ति से प्रेरित़ हो ऋषि ईश्वर की उपासना करता है, चोर चोरी करता है। जब कर्म की लीक उचित नहीं होती तो हम उसे अशुभ कहते हैं, जब उचित होती है तो शुभ। परन्तु प्रेरणा एक है, वही मुक्त होने की इच्छा। ऋषि अपने बंधनों को जान उनसे छूटना चाहता है; इसलिये वह उपासना करता है। चोर

इस भावना से पीड़ित होता है कि उसके पास अमुक वस्तुएँ नहीं, वह उस इच्छा से छूटना चाहता है, मुक्त होना चाहता है; इसलिये वह चोरी करता है। मुक्ति प्रकृति का एकमात्र लक्ष्य है, वह जड़ हो या चेतन; जाने या अजाने सभी मुक्ति के लिए प्रयत्न-पर है। ऋषि जिस मुक्ति की कामना करता है, वह चोर की मुक्ति से अत्यन्त भिन्न है; ऋषि की मुक्ति से उसे अनन्त अनिर्वचनीय आनन्द मिलता है, चोर की मुक्ति उसके लिए और भी दृढ़ बंधनों का कारण होती है।

प्रत्येक धर्म में मुक्ति के लिये यह चेष्टा देखी जा सकती है। वह सभी सदाचार और स्वार्थ-त्याग की नींव है, जिसका अर्थ है, इस शरीर को अपना कह कर न जानना। जब हम किसी को दूसरों का उपकार और शुभ कर्म करते देखते हैं, तब उसका अर्थ है कि वह व्यक्ति 'मैं और मेरे' के सीमित वृत्त में नहीं रह सकता। स्वार्थ-त्याग का कहीं अंत नहीं। सदाचार की धारणाओं में सर्वत्र ध्येय स्वार्थत्याग ही है। मान लीजिये कोई इस प्रकार पूर्ण त्यागी हो, तो उसका क्या हो ? तब वह श्रीमान् फलाने-फलाने नहीं रह गये; उसका अनंत विस्तार हो गया। वह छोटा-सा व्यक्तित्व जो उसके भीतर पहले था, अब लुप्त हो गया। वह अनन्त में मिल गया और यह अनन्त विस्तार ही सब धर्मों का, दार्शनिक तथा सदाचार के सिद्धांतों का लक्ष्य है। व्यक्तिगत ईश्वर का उपासक जब इस विचार को इस दार्शनिक रूप से रखा देखता है, तो घबरा जाता है। परन्तु यदि वह सदाचार का प्रचार करता है, तो स्वयं भी उसी विचार का अनुमोदन करता है। मनुष्य के त्याग की वह कोई सीमा कल्पित नहीं करता। मान लीजिये कोई द्वैतवाद से भी पूर्णता प्राप्त कर ले, तब अन्य पूर्णता प्राप्त किये पुरुषों से उसका विभेद कैसे हो सकेगा ? उसे विश्व से मिलकर एक होना पड़ेगा और वैसा करना ही सबका ध्येय है। केवल द्वैतवादी अपने तर्क का सिरे तक अनुसरण नहीं कर सकता। कर्मयोग उस मुक्ति की प्राप्ति है जो मानव-मात्र का लक्ष्य है। प्रत्येक स्वार्थपूर्ण कर्म हमें उससे पीछे की ओर ठेलता है, प्रत्येक निःस्वार्थ कर्म हमें उसके सन्निकट ले जाता है। इसीलिए सदाचार की केवल एक व्याख्या हो सकती है, जो स्वार्थपूर्ण है वह अनाचार है, जो निःस्वार्थ है वह सदाचार।

परन्तु यदि सूक्ष्म निरीक्षण किया जाए, तो यह सब इतना सरल न जान पड़ेगा। उदाहरण के लिए, जैसा मैं पूर्व भी कह चुका हूँ, देश के अनुसार सदाचार की बातों में न्यूनाधिक विभिन्नता होती है। एक ही कर्म एक दशा में निःस्वार्थ हो सकता है, अन्य में स्वार्थपूर्ण। इसलिये हम उसकी एक मूल व्याख्या मात्र कर सकते हैं, अन्य विशेषताएं देश, काल और परिस्थितियों के अनुसार होंगी। एक देश में जो सदाचार है, दूसरे में अनाचार है, क्योंकि परिस्थितियाँ भिन्न हैं। सभी प्रकृति का अभीप्स्य मुक्ति है और मुक्ति केवल पूर्ण आत्म-त्याग द्वारा संभव है। प्रत्येक निःस्वार्थ कर्म, वचन या विचार हमें लक्ष्य की ओर ले जाता है और इस कारण सदाचार है। प्रत्येक धर्म में, प्रत्येक आचार-विचार-प्रणाली में आप इस व्याख्या को लागू होते देखेंगे।

किन्हीं विचार-धाराओं में सदाचार ईश्वर-कृत माना जाता है। यदि पूछो कि ऐसा क्यों करें और वैसा क्यों न करें, तो उत्तर मिलेगा, "क्योंकि ऐसी ही ईश्वर की आज्ञा है।" परन्तु उनके विचारों का मूलस्रोत जो कुछ भी हो, तत्त्व की बात वहाँ भी यही है कि अपने आप का विचार न कर उससे छुटकारा पाओ। इस सदाचार की महान् धारणा को पहचानते हुए भी कोई-कोई अपना छोटा-सा व्यक्तित्व तजने से घबराते हैं। जिसे अपना क्षुद्र व्यक्तित्व इतना प्रिय है, हम उससे पूछ सकते हैं कि तुम्हारा यह 'अपनापन' उस पुरुष के आगे कहाँ रहता है जो पूर्ण रूप से निःस्वार्थ है, जो अपने लिये कोई बात नहीं सोचता, अपने लिये कोई शब्द नहीं कहता और अपने लिये कोई कर्म नहीं करता। उसे उस अपनेपन का ज्ञान तभी तक रहता है जब तक वह अपने लिए कुछ सोचता, कहता या कोई कर्म करता है। यदि उसे औरों का, संसार का, उस अनन्त का भान हो जाए तो उसका वह 'अपनापन' कहाँ रहे ? वह सदा के लिये भाग जाय।

कर्मयोग अतः एक ऐसा आचार-विचार-समुच्चय, ऐसा धर्म है जिसमें शुभ कर्मों और स्वार्थ-त्याग द्वारा मुक्ति लाभ होता है। कर्मयोगी के लिए आवश्यक नहीं, वह किसी मत-मतान्तर में विश्वास करे; वह ईश्वर में विश्वास न करे, उसकी आत्मा क्या है, इस पर कभी विचार न करे, न किसी दार्शनिक गुत्थी पर माथा-पच्ची करे। उसका अपना एक लक्ष्य है, स्वार्थ-त्यागी होना, उसे स्वयं उसकी सिद्धि करनी होगी। प्रत्येक क्षण उसे अनुभूति होनी चाहिए क्योंकि उसे अपना मार्ग बिना किसी मत और विचार की सहायता के केवल कर्म द्वारा पार करना है। उसी समस्या को ज्ञानी अपने ज्ञान द्वारा और भक्त अपनी भक्ति द्वारा सुलझाता है।

अब दूसरा प्रश्न आता है, यह कर्म क्या है ? शुभ कर्म का क्या अर्थ है ? क्या हम संसार की भलाई कर सकते हैं ? सच पूछा जाए तो नहीं; देखने को, हाँ। संसार की कोई अमर अमिट भलाई नहीं की जा सकती; यदि की जा सकती तो यह संसार यह संसार न होता। पाँच मिनट के लिए किसी की क्षुधा तुम शान्त कर सकते हो परन्तु उसके पश्चात् उसे फिर भूख लगेगी, किसी भी प्रकार की तृप्ति जो हम एक व्यक्ति की कर सकते हैं, क्षणिक होगी। इस सुख व दुख के अनवरत क्रम का कोई अंत नहीं कर सकता। क्या संसार को सदा सुखी बनाया जा सकता है ? समुद्र में हम एक लहर नहीं उठा सकते जब तक अन्यत्र एक गह्वर न हो। मनुष्य की आवश्यकताओं और वांछाओं के अनुसार सुख की सामग्रियाँ संसार में सदा समान रही हैं। न वे घट सकती हैं, न बढ़ सकती हैं। इतिहास का जैसा हमें ज्ञान है, उसे देखिये। क्या हमें सर्वत्र वे ही सुख, वे ही दुख, वे ही विलास, वे ही विषाद, पारस्परिक वे ही भेदभाव नहीं दिखाई देते ? कोई धनी, कोई निर्धन, कोई ऊँच, कोई नीच, कोई रोगी, कोई नीरोग, क्या यही सब काल सर्वत्र नहीं दिखाई देता ? ये सब पूर्वकाल में मिस्र, यूनान और रोम वालों के लिए वैसे ही थे, जैसे आज अमेरिका

वालों के लिए हैं। जहाँ तक इतिहास की गति हुई है, दशा ऐसी ही रही है। साथ ही साथ हम यह भी देखते हैं, सुख दुख के असाध्य भेदभावों के होते हुए भी उन्हें कम करने का सतत प्रयत्न किया गया है। प्रत्येक देश और काल में ऐसे नर-नारी जन्मे हैं जिन्होंने दूसरों का मार्ग सुखद बनाने के लिए घोर श्रम किया है; पर उन्हें कहाँ तक सफलता मिली है ? हम गेंद को इधर से उधर मारने का ही खेल खेल सकते हैं। दैहिक दुख दूर होने पर मानसिक उत्पन्न हो जाते हैं। यह दांते (Dante) के नरक की उस कथा के समान है जिसमें कुछ लोभियों को एक पहाड़ पर चढ़ा कर ले जाने के लिए एक स्वर्ण पिण्ड दिया गया था। प्रत्येक बार वे उसे ऊपर ढकेलकर ले जाते, वह फिर नीचे ढुलक आता। प्रलयांत में सदा सुखी संसार की कल्पना बच्चों की कहानियों की भाँति सुख देने वाली अवश्य है परन्तु उसका महत्त्व इससे अधिक नहीं। तमाम जातियाँ जो इस स्वर्गिक संसार की कल्पना करती हैं, सोचती हैं, सबसे सुन्दर स्थान उसमें उन्हीं को मिलेगा। सुखी संसार की कैसी निःस्वार्थ कल्पना है !

हम संसार को सुखी नहीं बना सकते, वैसे ही हम उसे दुखी नहीं बना सकते। सुख-दुख की सामूहिक शक्तियाँ इसी अनुपात में रहेंगी। इधर की वस्तु हम कभी उधर कर देते हैं, कभी उधर की इधर, परन्तु बात वही होती है क्योंकि वैसा होना स्वाभाविक है। यह उत्थान-पतन, यह ज्वार-भाटा संसार का प्राकृतिक नियम है। इससे अन्यथा होगा, यह कहना उतना ही तर्कसंगत हो सकता है जितना कि मृत्यु के बिना जीवन की कल्पना करना। यह सब आदि से लेकर अन्त तक सिवा वज्र मूर्खता के कुछ नहीं। जीवन के विचार से ही मृत्यु की हठात् कल्पना होती है, सुख के विचार से दुख की। दीपक प्रतिपल जला करता है, वही उसका जीवन है। यदि तुम जीना चाहते हो, तो तुम्हें प्रतिक्षण मरना पड़ेगा। जीवन और मृत्यु एक ही वस्तु के विभिन्न रूप हैं, दृष्टिकोण का अन्तर मात्र होता है। एक ही लहर के वे उत्थान-पतन हैं और दोनों से मिलकर एक पूर्ण की रचना होती है। एक पतन की ओर देख निराशावादी हो जाता है, अन्य उत्थान की ओर देख आशावादी होता है। जब लड़का स्कूल जाता है, माता-पिता उसकी देख-रेख करने को होते हैं, तब उसे सब कुछ सुखी दिखाई देता है; उसकी आवश्यकताएँ सरल होती हैं, वह आशावादी होता है। परन्तु वृद्ध पुरुष अनुभवी और शांत होते हैं। उनका जोश अब तक ठंडा हो जाता है। इसी भाँति पुरानी जातियाँ अपने साथ अपने जीवन का वार्द्धक्य लिये नवीन जातियों की अपेक्षा आशावाद की ओर कम झुकती हैं। भारतवर्ष में एक कहावत है—हजार वर्ष तक नगर और फिर हजार वर्ष तक वन। यह नगर से वन और वन से नगर का परिवर्तन-क्रम सर्वत्र चल रहा है; मनुष्य उसको जिस ओर से देखते हैं, उसी के अनुसार आशा या निराशावादी होते हैं।

इसके बाद हम समता का विचार लेते हैं। ये सुखी संसार के विचार कर्म के महान् प्रेरक रहे हैं। बहुत-से धर्मों में यह विचार विशेष रूप से प्रचारित रहता है कि

ईश्वर पृथ्वी पर आकर शासन करेगा और संसार यही रहेगा। जो लोग उसका प्रचार करते हैं, वे अंधविश्वासी होते हैं और वास्तव में अंधविश्वासी अत्यन्त सच्चे हृदय के व्यक्ति होते हैं। इस अंधविश्वास के आकर्षण पर ईसाई धर्म का प्रचार हुआ था और इसी कारण वह ग्रीक और रोमन-गुलामों को लुभा सका। उन्हें विश्वास हो गया कि ईश्वर के राज्य में गुलामी न होगी, खाने-पीने, मौज उड़ाने के भी काफी सामान होंगे; इसीलिए ईसाई झंडे के नीचे आ-आकर खड़े होने लगे। जिन्होंने पहले-पहल उसका प्रचार किया, वे अज्ञानी कट्टर-पंथी थे, परन्तु सच्चे हृदय वाले। वही विचार आजकल समता, बंधुत्व और स्वतंत्रता के विचारों के रूप में प्रकट हुआ है। यह भी अंध-विश्वास है। सच्ची समानता न संसार में पहले कभी हुई है, न होगी। हम सब यहाँ समान कैसे हो सकते हैं ? इस असंभव साम्य का अर्थ है मृत्यु। यह संसार संसार क्यों है ? वैषम्य से। आदि दशा में जिसे अव्यक्त कहा जाता है, पूर्ण समानता रहती है। सृष्टि की कार्यकारिणी शक्तियाँ तब कैसे जन्मती हैं ? युद्ध कर, होड़ाहोड़ी और संघर्ष द्वारा। मान लो सृष्टि के सभी परमाणु समान हो स्थिर हों, तब क्या सृष्टिक्रम चल सकेगा ? विज्ञान से हम जानते हैं, ऐसा होना असम्भव है। पानी की एक सतह में हलचल मचाने से परमाणु एक दूसरे की ओर दौड़कर शांत होने की चेष्टा करते हैं। इसी भाँति हमारा विश्व, उसमें की सभी वस्तुएँ उसी पूर्ण साम्य की दशा को पहुँचने के लिए आकुल हैं। एक हलचल फिर हो जाती है और फिर शक्तियों का भिन्न समूहों में मिलन होता है और सृष्टि होती है। विषमता ही सृष्टि का आधार है। साथ ही साम्य-लाभ करने की चेष्टा में तत्पर शक्तियाँ सृष्टि-क्रम के लिए उतनी ही आवश्यक हैं जितनी कि वे शक्तियाँ जो इस शांति-लाभ में बाधा डालती हैं।

पूर्ण साम्य, जिसका अर्थ है सभी सतहों कि क्रियाशील शक्तियों की समान भाव से स्थिरता, इस संसार में संभव नहीं। उस दशा को पहुँचने के पूर्व संसार, किसी भी प्रकार के जीवन के अयोग्य हो चुका होगा और कोई भी प्राणी उसमें न रहेगा। इसलिये हम देखते हैं कि ये राम-राज्य और पूर्ण साम्य के विचार असंभव ही नहीं, यदि हम उनका अनुसरण करें तो अवश्य काल के मुख तक पहुँच जाएं। मनुष्य और मनुष्य के बीच अन्तर क्या है ? विशेष अन्तर मस्तिष्क का है। आज किसी पागल के सिवा कोई यह न कहेगा कि हम सब समान मानसिक शक्ति वाले उत्पन्न हुए हैं। हम असमान शक्तियों के साथ जन्मते हैं। जन्म से ही कोई छोटा कोई बड़ा होकर आता है; इस जन्म के पूर्व ही निश्चित विधान से कोई चारा नहीं। अमेरिकन इंडियन इस देश में हजारों वर्षों से थे; वहाँ आपके मुट्ठी भर पुरखे आये। देश की दशा में उन्होंने क्या परिवर्तन कर दिया है ? यदि सब समान हैं, तो इंडियन लोगों ने यहाँ सुध ाारकर नगर क्यों न बसाये ? आपके पुरखों के साथ एक नई मानसी शक्ति इस देश में आई; पूर्व-संस्कारों के विभिन्न समूह यहाँ आये, कार्य रूप में वे प्रकट हुए। पूर्ण भेदभाव का अभाव मरण है। जब तक यह संसार है भेदभाव होगा और होना चाहिए;

पूर्ण समानता का कल्पित सुख-काल तभी आयेगा जब सृष्टि के एक क्रम का अन्त हो चुकेगा। उसके पूर्व समानता हो नहीं सकती। जिस प्रकार वैषम्य सृष्टि के लिए आवश्यक है, उसी भाँति उसके नियमन की चेष्टा भी। यदि स्वतंत्रता और ईश्वर प्राप्ति के लिए चेष्टा न हो, तो भी सृष्टि न हो। इन्हीं दो शक्तियों के विभेद के अनुसार मनुष्य की इच्छाएँ बनती हैं। कर्म के लिए ये इच्छाएं सदा रहेंगी, कुछ स्वतंत्रता की ओर प्रेरित करने वाली, कुछ परतंत्रता की ओर।

संसार की कारीगरी—चक्र के भीतर चक्र—विचित्र है। उसके भीतर हाथ डालते ही हम फँसे नहीं कि गये। हम सब सोचते हैं अमुक कर्त्तव्य का पालन करने पर हमें शांति मिलेगी; परन्तु उसे पूरा भी नहीं कर पाते कि दूसरा सामने आकर खड़ा हो जाता है। हम सबको यह अद्‌भुत और शक्ति सम्पन्न संसार-यंत्र खींचे लिये जाता है। छुटकारा पाने के केवल दो मार्ग हैं; एक तो यंत्र छोड़कर उससे तनिक संबंध न रख अलग खड़े हो जाओ, अपनी इच्छाओं का त्याग करो। यह कहना अत्यन्त सुकर है परन्तु करना अत्यन्त दुष्कर। मैं नहीं जानता, यदि करोड़ों में एक वैसा कर सके। दूसरा मार्ग यह है कि संसार में कूद पड़ो, कर्म का रहस्य जानो; यह मार्ग कर्मयोग का है। संसार-यंत्र के चक्रों से भाग न खड़े हो, उनके भीतर पैठो और कर्म का रहस्य सीखो। भीतर उचित कर्म कर बाहर निकल आना संभव है। यंत्र में ही बाहर आने का भी मार्ग है।

अब हम देख चुके, कर्म क्या है। वह प्रकृति का आधार भाग है और निरन्तर होता है। जिन्हें ईश्वर में विश्वास है, वे इसे और भली भाँति समझते हैं, क्योंकि वे जानते हैं कि ईश्वर ऐसा असमर्थ नहीं कि उसे हमारी सहायता की आवश्यकता हो। यद्यपि यह संसार यों ही चलता रहेगा, हमारा ध्येय स्वतंत्रता है; हमारा लक्ष्य पूर्ण आत्म-त्याग है। कर्मयोग के अनुसार कर्म द्वारा हम वहाँ तक पहुँच सकते हैं। अंधविश्वासियों के लिए संसार को सुखी बनाने के विचार कर्म-प्रेरणाओं के रूप में भले हो सकते हैं; परन्तु हमें स्मरण रखना चाहिये, अंधविश्वास से उतनी ही हानि होती है जितना लाभ। कर्मयोगी पूछता है, स्वभावजन्य मुक्ति की अभिलाषा के अतिरिक्त कर्म करने के लिए तुम्हें अन्य इच्छाओं की आवश्यकता क्यों हो ? साधारण सांसारिक इच्छाओं के परे हो। "कर्म करने का तुम्हारा अधिकार है, फल पाने का नहीं।" कर्मयोगी कहता है, मनुष्य अपने आपको उसे जानने और उसका अभ्यास करने के योग्य बना सकता है। जब शुभ कर्म करने का विचार उसके व्यक्तित्व का एक भाग बन जाएगा, तो वह कर्म करने के लिए किसी अन्य बाह्य प्रेरणा को न खोजेगा। हमें शुभ कर्म करने चाहियें क्योंकि वैसा करना शुभ है। जो स्वर्ग पाने के लिए भी कर्म करता है, कर्मयोगी कहता है, वह बंधन में पड़ता है। कोई भी कर्म जो क्षुद्रातिक्षुद्र स्वार्थभावना से प्रेरित हो किया जाता है, हमें स्वतंत्र बनाने के स्थान में हमारे पैरों में एक लौह-शृंखला और डाल देता है।

इसलिये यही एक मार्ग है कि कर्म-फल की आशा त्याग कर अनासक्त बनो। जानो कि न सचमुच यह संसार तुम है—न तुम संसार हो, कि हम यह शरीर नहीं, कि वास्तव में हम कर्म नहीं करते। हम अजर अमर सदा शान्ति लाभ किये आत्मा हैं। हम किसी वस्तु के बंधन में क्या पड़ें ? हमें रोना न चाहिये; आत्मा के लिए हँसना-रोना क्या ? सहानुभूति से भरकर भी हमें आँसू न बहाने चाहियें। हमें वैसा करना प्रिय होता है, अपने मन में हम सोचते हैं कि ईश्वर भी अपने सिंहासन पर बैठा वैसे ही रो रहा होगा। ऐसा ईश्वर प्रयत्न कर पाये जाने के योग्य न होगा। ईश्वर क्यों रोये ? रोना निर्बलता, परतंत्रता का चिह्न है। यह कहना बहुत भला लगता है कि हमें पूर्ण अनासक्त होना चाहिये, परन्तु कैसे ? प्रत्येक कर्म जो बिना स्वार्थ-भावना के किया जाता है, बंधन गढ़ने के स्थान में पुराने बंधनों की एक लड़ी को तोड़ देता है। प्रत्येक शुभ विचार जो हम संसार में भेजते हैं, बिना किसी प्रत्याशा के वह वहाँ संचित होगा और पुराने बंधनों की एक कड़ी तोड़ देगा, हमें अधिक-से-अधिक पवित्र बनायेगा, यहाँ तक कि मानवों में हम सबसे पवित्र हो जाएंगे। परन्तु यह सब कुछ दार्शनिक और कल्पित-सा दिखाई दे सकता है, जो सिद्धान्त-रूप में सत्य हो परन्तु कार्यरूप में न लाया जा सके। मैंने भगवद्‌गीता के विरुद्ध अनेक तर्क पढ़े हैं और उनमें से अनेकों के अनुसार बिना इच्छा के कर्म नहीं किया जा सकता। उन्होंने कट्टरता और अंधविश्वास से प्रेरित निःस्वार्थ कर्म देखा है, अन्य प्रकार से नहीं; इसी कारण वे ऐसा कहते हैं।

अन्त में कुछ शब्द मैं आपसे एक ऐसे पुरुष के विषय में कह दूँ जो वास्तव में कर्मयोग के सिद्धान्त को कार्य-रूप में लाया। वह पुरुष है, बुद्ध। वही एक पुरुष है जिसने कभी उसका पूर्ण अभ्यास किया। बुद्ध को छोड़ संसार के बड़े-बड़े पैगम्बर निःस्वार्थ कर्म के लिए बाह्य प्रेरणाओं से प्रेरित हुए हैं। संसार के धर्मोपदेशक बुद्ध का अपवाद छोड़, दो श्रेणियों में विभाजित किए जा सकते हैं; एक तो वे जो अपने को ईश्वर का अवतार कहते थे, अन्य वे जो अपने को ईश्वर का दूत-मात्र मानते थे। दोनों को कर्म के लिए बाहर से प्रेरणा मिलती है, वे कर्म के लिए पुरस्कार चाहते हैं, उनकी भाषा कितनी ही आध्यात्मिक शब्दावली से पूर्ण क्यों न हो। बुद्ध ही एक वह पैगम्बर हुआ है जिसने कहा था—"मैं तुम्हारे ईश्वर सम्बन्धी मत-मतांतरों को नहीं जानना चाहता। अध्यात्म-ज्ञान की बारीकियों को सुलझाने की दरकार नहीं है। भलाई करो और भले बनो। इसी से तुम्हारी मुक्ति होगी और जो कुछ भी सत्य है, वह तुम्हें मिलेगा।" अपने जीवन के व्यवहारों में वह बिलकुल ही स्वार्थ-भावना-हीन थे और उनसे अधिक कर्म किसने किया है ? इतिहास में मुझे एक चरित्र ऐसा दिखा दीजिये जो औरों के इतने ऊपर उड़ा हो। सारी मनुष्य जाति ने केवल एक ही ऐसा चरित्र उत्पन्न किया है। ऐसी गहन दार्शनिकता, ऐसी व्यापक संवेदना, यह महान् दार्शनिक सर्वोच्च दर्शन का प्रचार करता हुआ भी हृदय में छोटे-से-छोटे पशुओं के लिए करुणा

से भरा हुआ था। फिर भी अपने लिए उन्होंने कुछ नहीं चाहा। वह आदर्श कर्मयोगी थे, नितांत बिना किसी इच्छा के कर्म करते हुए; और मनुष्य-जाति का इतिहास इस बात की साक्षी देता है कि उनसे महत्तर पुरुष कभी कोई उत्पन्न नहीं हुआ। हृदय और मस्तिष्क का अतुल परिपाक, आध्यात्मिक शक्ति का सर्वोत्कृष्ट निदर्शन उन्हीं में हुआ है। संसार के वे सर्वप्रथम महान् सुधारक थे। उन्होंने ही पहले-पहल साहस कर कहा था—"ये तुम्हारे शास्त्र और वेद यह कहते हैं, वह कहते हैं, इसलिये उस पर विश्वास न करो; तुम्हारे देश का ऐसा रिवाज है, बचपन से तुमने उस पर विश्वास किया है, इसलिये किसी वस्तु पर विश्वास न करो; अपनी बुद्धि से उसका निराकरण करो, उसे सिद्ध करो, तब यदि देखो कि उससे सबका कल्याण होगा तो उसका आचरण करो और दूसरों को वैसा करने में सहायता दो।" वही सबसे उत्तम कर्म करता है जो बिना धन, मान, कीर्ति अथवा अन्य किसी स्वार्थ-भावना के कर्म करता है; जब मनुष्य वैसा कर सकेगा तो वह बुद्ध होगा, उसी के भीतर ऐसी कर्म करने की शक्ति जन्मेगी जिससे संसार में परिवर्तन हो जाएगा। कर्मयोग के महत्तम आदर्श का वही व्यक्ति योग्य प्रतिनिधि होगा।

●●●